BESTACTIVITYBOOKS.COM

EERSTE EDITIE - Gepubliceerd in 2022

Extra grafisch materiaal van: www.freepik.com
Dank aan: Alekksall, Starline, Pch.vector, Rawpixel.com, Vectorpocket, Dgim-studio, Upklyak, Macrovector, Stockgiu, Pikisuperstar & Freepik.com Designers

Ontdek gratis online spelletjes

Hier verkrijgbaar:

BestActivityBooks.com/FREEGAMES

5 TIPS OM TE BEGINNEN!

1) HOE OP TE LOSSEN

De Puzzels zijn in een Klassiek Formaat:

- Woorden worden verborgen zonder pauzes (geen spaties, streepjes, ...)
- Oriëntatie: Voorwaarts & Achterwaarts, Boven & Beneden of in Diagonaal (kan in beide richtingen)
- Woorden kunnen elkaar overlappen of kruisen

2) ACTIEF LEREN

Naast elk woord is een spatie voorzien om de vertaling te noteren. Om actief te leren vindt u een **WOORDENBOEK** aan het einde van deze editie om uw kennis te controleren en uit te breiden. U kunt elke vertaling opzoeken en opschrijven, de woorden in de puzzel vinden en ze vervolgens aan uw woordenschat toevoegen!

3) TAG JE WOORDEN

Hebt u al geprobeerd een labelsysteem te gebruiken? U zou bijvoorbeeld de woorden die moeilijk te vinden waren kunnen markeren met een kruis, de woorden die u leuk vond met een ster, nieuwe woorden met een driehoek, zeldzame woorden met een ruit enzovoort...

4) ORGANISEER UW LEREN

Wij bieden ook een handig **NOTITIEBOEKJE** aan het eind van deze uitgave. Of u nu op vakantie, op reis of thuis bent, u kunt uw nieuwe kennis gemakkelijk ordenen zonder dat u een tweede notitieboek nodig hebt!

5) AFGESLOTEN?

Ga naar de bonussectie: **FINAAL UITDAGING** om een gratis spel te vinden dat aan het einde van deze editie wordt aangeboden!

Wil je meer leuke en leerzame activiteiten? Het is **Snel en Eenvoudig!**
Een hele collectie spelboeken slechts **één klik verwijderd!**

Vind uw volgende uitdaging bij:

BestActivityBooks.com/MijnVolgendeBoek

Klaar... Start!

Wist u dat er zo'n 7000 verschillende talen in de wereld zijn? Woorden zijn kostbaar.

We houden van talen en hebben hard gewerkt om de boeken van de hoogste kwaliteit voor u te maken. Onze ingrediënten?

Een selectie van onmisbare leerthema's, drie grote plakken plezier, dan voegen we er een lepel moeilijke woorden en een snuifje zeldzame woorden aan toe. We serveren ze met zorg en een maximum aan verrukking, zodat je de beste woordspelletjes kunt oplossen en veel plezier beleeft aan het leren!

Uw feedback is essentieel. U kunt een actieve bijdrage leveren aan het succes van dit boek door een recensie achter te laten. Vertel ons wat u het meest beviel in deze editie!

Hier is een korte link die u naar uw bestelpagina brengt:

BestBooksActivity.com/Recensies50

Bedankt voor uw hulp en veel plezier met het spel!

Linguas Classics

1 - Metingen

Z	K	G	T	B	X	M	T	W	E	F	W	X	T	D
E	I	L	R	L	I	I	I	M	O	A	M	G	S	Z
N	L	A	E	A	R	N	E	Q	K	G	X	S	P	E
T	O	G	T	M	D	U	F	C	B	N	C	F	D	X
I	M	A	E	I	Z	T	E	J	H	T	B	R	U	A
M	E	T	M	Z	K	E	N	N	O	T	L	Y	U	O
E	T	S	H	E	E	Z	H	Ö	H	E	I	K	T	C
T	E	P	S	D	T	N	N	H	I	D	T	I	V	E
E	R	O	J	A	J	U	U	N	O	X	E	L	O	Y
R	M	Y	Z	J	M	M	A	R	G	T	R	O	L	C
G	E	W	I	C	H	T	Z	O	L	L	Y	G	U	J
D	X	A	G	B	R	E	I	T	E	K	P	R	M	F
K	W	B	Y	A	O	C	F	C	U	V	R	A	E	U
A	T	B	Y	H	L	Ä	N	G	E	T	J	M	N	I
V	D	L	M	M	E	G	Z	S	W	H	M	M	Q	W

BREITE
BYTE
ZENTIMETER
DEZIMAL
TIEFE
GEWICHT
GRAD
GRAMM
HÖHE
ZOLL
KILOGRAMM
KILOMETER
LÄNGE
LITER
MASSE
METER
MINUTE
UNZE
TONNE
VOLUMEN

2 - Boten

U	H	E	K	S	E	I	L	K	Y	F	V	X	D	Y
F	L	U	S	S	C	J	J	A	Y	A	C	H	T	K
K	D	O	C	K	S	U	K	J	C	M	M	C	I	R
Z	A	F	L	F	E	X	V	A	N	L	T	S	Z	D
X	C	N	P	U	U	R	X	K	T	V	O	I	S	Q
O	F	A	U	U	R	Y	L	Q	V	N	O	T	V	U
S	T	E	P	W	E	L	L	E	N	U	B	U	R	T
E	P	Z	W	Z	E	Z	B	O	J	E	S	A	J	I
X	F	O	N	A	M	M	O	T	O	R	G	N	E	D
G	E	R	H	Ä	F	V	Y	F	Z	N	N	H	M	O
N	V	E	I	C	C	T	M	A	S	T	U	M	A	T
F	L	O	S	S	A	Q	I	Z	C	R	T	B	N	E
M	U	H	W	H	T	M	Q	D	U	R	T	J	K	E
H	M	F	M	B	J	T	O	O	B	L	E	G	E	S
Y	Y	L	M	V	U	A	S	W	P	A	R	W	R	N

ANKER
CREW
BOJE
DOCK
WELLEN
YACHT
KAJAK
KANU
MAST
SEE
MOTOR
NAUTISCH
OZEAN
RETTUNGSBOOT
FLUSS
SEIL
FÄHRE
FLOSS
MEER
SEGELBOOT

3 - Chocolade

B	J	W	B	H	G	P	Z	U	T	A	T	Y	L	V
A	I	M	R	R	G	U	G	W	R	P	M	E	Y	P
N	G	T	Ä	T	I	L	A	U	Q	N	H	D	I	K
T	E	R	T	U	Y	V	K	A	R	A	M	E	L	L
I	S	M	O	E	N	E	K	Ö	S	T	L	I	C	H
O	C	Q	Y	Y	R	R	E	V	C	V	Q	Z	V	Y
X	H	R	O	B	E	K	O	K	O	S	N	U	S	S
I	M	E	O	A	K	A	K	Y	H	K	J	R	L	U
D	A	Z	S	H	C	S	I	T	O	X	E	M	S	J
A	C	E	Ü	L	U	E	R	D	N	Ü	S	S	E	I
N	K	P	S	K	Z	V	E	R	L	A	N	G	E	N
S	H	T	S	F	A	V	O	R	I	T	M	S	F	N
S	Y	K	A	L	O	R	I	E	N	D	V	O	R	E
H	A	N	D	W	E	R	K	L	I	C	H	Z	R	P
P	T	T	E	O	I	G	I	X	C	G	E	B	R	A

ANTIOXIDANS
AROMA
HANDWERKLICH
BITTER
KAKAO
KALORIEN
EXOTISCH
FAVORIT
KÖSTLICH
ZUTAT
KARAMELL
KOKOSNUSS
QUALITÄT
ERDNÜSSE
PULVER
REZEPT
GESCHMACK
ZUCKER
VERLANGEN
SÜSS

4 - Gezondheid en Welzijn #2

W	V	K	G	C	M	G	A	U	F	X	D	T	O	K
Y	F	I	J	F	J	R	E	P	R	Ö	K	Q	J	R
R	U	T	T	G	A	Z	A	W	D	S	X	P	I	A
E	E	E	G	A	S	S	A	M	I	U	F	Z	N	N
V	V	N	H	T	M	C	U	K	D	C	R	L	F	K
O	N	E	U	Q	K	I	B	L	U	T	H	L	E	E
C	N	G	P	R	F	N	N	Q	Y	W	G	T	K	N
E	R	N	Ä	H	R	U	N	G	O	L	D	S	T	H
R	U	G	W	H	G	E	S	U	N	D	V	M	I	A
A	N	X	J	W	Y	K	A	L	O	R	I	E	O	U
S	P	B	M	G	K	G	K	E	E	Y	V	P	N	S
E	N	E	R	G	I	E	I	M	O	T	A	N	A	U
A	L	L	E	R	G	I	E	E	D	I	Ä	T	B	L
S	T	R	E	S	S	P	X	R	N	E	N	U	H	F
V	E	R	D	A	U	U	N	G	E	E	I	T	B	V

ALLERGIE
ANATOMIE
BLUT
KALORIE
DIÄT
ENERGIE
GENETIK
GEWICHT
GESUND
RECOVERY
HYGIENE
INFEKTION
KÖRPER
MASSAGE
VERDAUUNG
STRESS
VITAMIN
ERNÄHRUNG
KRANKENHAUS

5 - Tijd

F	J	F	Z	F	V	W	Q	M	J	V	D	A	W	F
J	R	A	Z	O	D	I	X	B	E	D	N	U	T	S
A	H	Ü	H	M	Z	K	F	H	T	H	C	A	N	J
H	U	M	H	R	N	A	C	H	Z	E	M	V	R	A
R	Z	O	J	V	Z	K	G	A	T	T	I	M	E	H
F	W	R	W	I	Y	E	W	H	E	U	T	E	T	R
V	R	G	F	K	P	H	H	E	B	N	F	Q	S	H
S	H	E	X	F	C	C	V	N	Q	I	N	I	E	U
R	V	N	N	D	A	O	W	S	T	M	U	Q	G	N
N	V	T	I	J	M	W	M	A	D	R	K	W	A	D
L	H	A	D	Q	Y	O	M	F	K	L	U	M	T	E
L	U	Q	K	W	P	L	N	J	C	W	Z	Z	J	R
K	A	L	E	N	D	E	R	A	F	W	T	G	H	T
J	Ä	H	R	L	I	C	H	V	T	G	H	V	Z	E
S	N	T	B	C	G	E	I	D	K	W	B	L	T	K

TAG
JAHRZEHNT
JAHRHUNDERT
GESTERN
JAHR
JÄHRLICH
KALENDER
UHR
MONAT
MITTAG
MINUTE
NACH
NACHT
JETZT
MORGEN
ZUKUNFT
STUNDE
HEUTE
FRÜH
WOCHE

6 - Meditatie

N	D	G	W	A	C	H	B	E	S	G	Q	V	G	A
W	V	I	E	T	J	J	D	E	Q	P	O	F	U	E
N	E	H	F	I	F	U	P	L	W	M	D	N	I	L
A	R	U	R	E	S	L	H	Ü	F	E	G	T	I	M
T	S	R	I	H	Q	T	Q	G	E	A	G	A	K	R
U	T	X	E	R	G	S	I	J	U	A	R	U	V	Z
R	A	S	D	A	L	T	E	G	Y	N	U	J	N	X
H	N	D	E	L	J	I	T	Y	K	N	I	V	X	G
M	D	A	N	K	F	L	S	Z	A	A	G	Z	J	D
X	U	J	U	R	B	L	J	Z	Z	H	F	X	D	P
Z	O	S	W	K	N	E	S	U	X	M	K	A	N	W
R	E	V	I	T	K	E	P	S	R	E	P	J	W	F
B	Z	M	V	K	C	Ü	L	G	N	U	M	T	A	U
H	A	L	T	U	N	G	E	I	N	B	L	I	C	K
M	L	E	R	N	E	N	G	E	D	A	N	K	E	N

ANNAHME
ATMUNG
BEWEGUNG
GEDANKEN
VERSTAND
GLÜCK
KLARHEIT
HALTUNG
EINBLICK
RUHIG
LERNEN
MITGEFÜHL
GEISTIG
MUSIK
NATUR
PERSPEKTIVE
STILLE
FRIEDEN
WACH

7 - Muziek

N	C	J	M	M	K	H	M	L	O	T	O	U	V	M
E	Z	Y	E	I	L	M	N	U	N	M	P	F	C	U
R	Y	C	L	K	A	A	I	B	S	Q	E	A	G	S
E	E	H	O	R	S	L	U	P	V	I	R	Y	B	I
I	I	O	D	O	S	Y	P	F	V	I	K	H	A	C
S	N	R	I	F	I	R	W	A	N	A	I	E	O	A
I	O	S	E	O	S	I	H	H	E	A	Y	O	R	L
V	M	U	T	N	C	S	C	A	G	I	H	P	U	L
O	R	M	I	R	H	C	S	Q	N	Q	L	M	B	A
R	A	H	U	R	U	H	I	G	I	B	Q	E	E	T
P	H	T	V	F	O	M	T	O	S	S	D	T	B	Z
M	K	Y	D	Y	R	P	E	B	A	L	L	A	D	E
I	P	H	I	G	L	Q	O	N	S	Ä	N	G	E	R
I	S	R	G	R	M	N	P	V	T	A	L	B	U	M
G	A	P	U	R	H	Y	T	H	M	I	S	C	H	S

ALBUM
BALLADE
HARMONIE
IMPROVISIEREN
INSTRUMENT
KLASSISCH
CHOR
LYRISCH
MELODIE
MIKROFON
MUSICAL
MUSIKER
OPER
AUFNAHME
POETISCH
RHYTHMUS
RHYTHMISCH
TEMPO
SÄNGER
SINGEN

8 - Vogels

M	G	A	N	S	T	S	O	Q	R	E	I	H	E	R
Ö	G	O	P	N	A	W	H	C	S	O	H	A	O	P
W	T	U	U	R	U	Y	P	K	B	G	H	Ä	N	F
E	V	X	X	R	B	H	A	A	L	N	P	S	R	Y
A	C	Y	Y	F	E	Y	P	E	K	I	T	U	Y	K
U	R	W	E	W	B	G	A	E	Y	M	W	H	B	A
N	Z	N	I	N	D	K	G	N	U	A	F	P	G	Y
Q	G	U	P	X	H	H	E	U	Q	L	S	H	D	S
K	L	W	X	L	E	V	I	W	F	F	E	U	S	T
S	C	S	L	Y	I	A	F	L	U	O	C	H	P	O
T	O	U	C	A	N	A	K	I	L	E	P	N	A	R
Z	W	W	K	S	T	R	A	U	S	S	S	Q	T	C
E	N	T	E	C	M	X	E	J	I	H	N	W	Z	H
K	K	E	U	R	U	W	X	L	N	E	D	N	E	Z
E	P	K	T	K	T	K	P	I	N	G	U	I	N	B

TAUBE
ENTE
EI
FLAMINGO
GANS
HUHN
KUCKUCK
KRÄHE
MÖWE
SPATZ

STORCH
PAPAGEI
PFAU
PELIKAN
PINGUIN
REIHER
STRAUSS
TOUCAN
EULE
SCHWAN

9 - Universum

G	K	M	O	N	O	R	T	S	A	O	T	A	Q	F
A	O	O	H	S	I	C	H	T	B	A	R	O	I	U
L	S	N	O	B	T	E	L	E	S	K	O	P	B	W
A	M	D	R	R	O	T	A	U	Q	Ä	M	K	N	B
X	I	A	I	E	I	M	O	N	O	R	T	S	A	H
I	S	R	Z	I	T	N	L	M	O	D	V	C	U	E
E	C	G	O	T	V	I	A	G	U	R	P	Y	X	M
C	H	N	N	E	M	K	E	V	B	N	B	X	E	I
B	G	E	T	O	X	C	X	R	K	A	T	I	R	S
C	W	G	C	X	J	O	O	A	K	I	X	G	T	P
K	S	N	Z	U	L	M	G	L	L	R	H	K	M	H
A	X	Ä	X	W	X	C	P	O	A	H	E	T	A	Ä
P	T	L	E	M	M	I	H	S	K	V	H	I	N	R
A	S	T	E	R	O	I	D	Z	L	S	H	E	S	E
D	U	N	K	E	L	H	E	I	T	L	G	I	Y	X

ASTEROID
ASTRONOMIE
ASTRONOM
ORBIT
BREITE
TIERKREIS
DUNKELHEIT
ÄQUATOR
HEMISPHÄRE
HIMMEL
HORIZONT
KOSMISCH
LÄNGENGRAD
MOND
GALAXIE
TELESKOP
SICHTBAR
SOLAR

10 - Wiskunde

G	E	O	M	E	T	R	I	E	U	V	Q	B	A	A
D	E	X	P	O	N	E	N	T	P	O	U	L	U	R
R	E	A	Y	W	B	W	P	L	A	L	A	O	P	I
G	E	Z	T	S	U	M	M	E	R	U	D	S	J	T
L	J	C	I	J	S	J	Z	G	A	M	R	Y	H	H
E	P	K	H	M	J	S	U	U	L	E	A	M	U	M
I	S	Z	Z	T	A	N	G	K	L	N	T	M	M	E
C	H	A	R	X	E	L	O	W	E	K	Q	E	F	T
H	P	I	F	C	N	C	P	I	L	C	N	T	A	I
U	L	R	H	H	I	B	K	N	S	E	G	R	N	K
N	O	G	Y	L	O	P	J	K	Y	I	X	I	G	E
G	T	H	C	E	R	K	N	E	S	E	V	E	M	L
N	W	C	X	A	G	L	N	L	Z	R	T	I	M	A
B	R	U	C	H	T	E	I	L	G	D	I	L	D	D
D	U	R	C	H	M	E	S	S	E	R	Q	E	O	T

KUGEL
DEZIMAL
DURCHMESSER
DIVISION
DREIECK
EXPONENT
BRUCHTEIL
GEOMETRIE
WINKEL
SENKRECHT
UMFANG
PARALLEL
RECHTECK
ARITHMETIK
SUMME
SYMMETRIE
POLYGON
GLEICHUNG
QUADRAT
VOLUMEN

11 - Gezondheid en Welzijn #1

K	A	B	M	K	H	W	J	F	R	A	K	T	U	R
L	P	S	B	F	K	O	C	C	H	M	L	I	F	T
I	O	H	H	J	L	X	R	R	Y	J	S	E	E	D
N	T	U	A	H	N	Y	B	M	X	G	R	H	Y	B
I	H	M	E	D	I	Z	I	N	O	M	K	N	L	F
K	E	H	H	Y	G	N	U	L	D	N	A	H	E	B
G	K	Ö	I	R	G	X	I	I	K	C	E	O	I	B
A	E	H	O	T	H	E	R	A	P	I	E	W	V	A
V	K	E	S	Z	I	L	E	K	S	U	M	E	C	K
P	I	T	P	R	M	F	G	I	G	Y	R	G	X	T
P	N	R	I	A	J	E	N	E	V	R	E	N	V	E
P	W	S	U	V	K	R	U	T	B	I	S	O	G	R
E	E	R	N	S	H	T	H	J	M	D	D	N	W	I
E	N	T	S	P	A	N	N	U	N	G	R	Y	B	E
V	E	R	L	E	T	Z	U	N	G	E	R	W	E	N

AKTIV
APOTHEKE
BAKTERIEN
BEHANDLUNG
FRAKTUR
ARZT
GEWOHNHEIT
HUNGER
HÖHE
HORMONE
HAUT
KLINIK
VERLETZUNG
MEDIZIN
ENTSPANNUNG
REFLEX
MUSKEL
THERAPIE
VIRUS
NERVEN

12 - Camping

Q	H	I	K	V	J	G	P	Y	Q	V	H	A	L	I
R	X	Ä	U	A	R	E	L	I	L	P	C	J	A	V
R	Q	H	N	D	B	V	Z	S	E	V	O	M	T	H
B	I	W	A	G	G	I	R	L	H	I	V	I	E	F
S	E	A	T	K	E	S	N	I	O	N	U	X	R	W
L	E	R	E	I	T	M	U	E	A	W	N	A	N	A
N	S	E	G	G	L	S	A	S	M	R	K	B	E	L
B	K	U	U	Y	E	Q	S	T	X	E	A	G	D	D
O	B	E	T	S	Z	T	S	U	T	U	R	H	B	K
U	N	F	H	V	F	B	S	H	D	E	T	N	Ä	X
L	R	R	G	I	Z	H	A	D	C	T	E	A	U	X
G	T	L	Y	H	G	U	P	Q	X	N	G	T	M	W
O	J	A	G	D	N	O	M	Z	S	E	H	U	E	Y
D	A	Q	T	Y	Q	G	O	H	G	B	R	R	V	L
C	P	F	K	A	N	U	K	K	X	A	D	W	L	R

ABENTEUER
BERG
BÄUME
WALD
FEUER
KABINE
TIERE
HÄNGEMATTE
HUT
INSEKT
JAGD
KARTE
KANU
KOMPASS
LATERNE
MOND
SEE
NATUR
ZELT
SEIL

13 - Algebra

K	H	B	G	X	C	M	Z	V	K	C	A	U	M	S
A	L	U	W	R	A	E	K	A	U	M	D	R	W	U
M	M	A	R	G	A	I	D	R	A	E	N	I	L	B
E	A	C	M	N	I	P	Z	I	P	L	V	T	F	T
V	X	Y	G	M	U	G	H	A	W	B	K	H	A	R
L	B	P	F	R	E	R	H	B	E	O	Y	O	L	A
Ö	Z	G	O	T	I	R	W	L	P	R	W	B	S	K
S	J	W	S	N	L	U	N	E	K	P	F	T	C	T
U	F	T	F	H	E	X	M	A	T	R	I	X	H	I
N	M	E	N	G	E	N	F	A	K	T	O	R	S	O
G	Z	M	Q	Q	B	P	T	W	C	A	L	L	U	N
B	R	U	C	H	T	E	I	L	T	U	P	B	M	D
V	E	R	E	I	N	F	A	C	H	E	N	A	M	C
U	N	E	N	D	L	I	C	H	K	G	X	V	E	U
F	O	R	M	E	L	G	L	E	I	C	H	U	N	G

SUBTRAKTION
DIAGRAMM
EXPONENT
FAKTOR
FORMEL
BRUCHTEIL
GRAPH
KLAMMERN
MENGE
LINEAR
MATRIX
NULL
UNENDLICH
LÖSUNG
PROBLEM
SUMME
FALSCH
VARIABLE
VEREINFACHEN
GLEICHUNG

14 - Activiteiten

T	A	N	Z	E	N	A	K	E	R	A	M	I	K	Q
Ä	E	E	G	T	D	N	G	L	C	Z	T	I	F	K
T	N	S	E	G	B	G	N	I	P	M	A	C	O	U
I	T	E	M	I	D	E	A	M	N	G	B	L	T	N
V	S	L	Ä	P	E	L	L	J	E	A	K	W	O	S
I	P	B	L	B	P	N	R	N	W	R	V	O	G	T
T	A	L	D	Y	H	W	N	V	F	T	K	M	R	H
K	N	H	E	N	S	A	I	E	Ä	E	U	S	A	A
A	N	O	O	X	I	N	K	R	H	N	N	Y	F	N
T	U	D	V	Q	M	D	N	G	I	A	S	X	I	D
A	N	S	C	N	L	E	P	N	G	R	T	N	E	W
D	G	T	N	Y	J	R	M	Ü	K	B	C	Ä	K	E
S	P	I	E	L	E	N	X	G	E	E	K	H	T	R
F	R	E	I	Z	E	I	T	E	I	I	C	E	H	K
M	A	G	I	E	N	X	X	N	T	T	O	N	F	S

AKTIVITÄT
KUNSTHANDWERK
TANZEN
FOTOGRAFIE
SPIELE
ANGELN
JAGD
CAMPING
KERAMIK
KUNST
LESEN
MAGIE
NÄHEN
ENTSPANNUNG
VERGNÜGEN
GEMÄLDE
GARTENARBEIT
FÄHIGKEIT
FREIZEIT
WANDERN

15 - Vormen

R	W	U	P	P	L	L	G	N	K	P	T	W	Q	E
S	E	I	T	E	M	H	F	Z	U	Y	O	E	B	K
T	K	C	E	T	H	C	E	R	G	R	V	R	F	J
T	U	U	T	R	Z	Q	S	D	E	A	H	E	N	G
O	R	P	R	I	S	M	A	X	L	M	J	T	D	N
D	V	Z	Y	L	I	N	D	E	R	I	L	L	H	N
L	E	B	R	E	P	Y	H	E	C	D	N	U	R	O
E	K	R	E	I	S	A	C	T	S	E	G	U	W	V
G	I	Z	R	N	Q	K	A	N	T	E	N	R	Ü	A
E	E	Q	P	I	U	C	J	O	E	D	W	G	R	L
K	D	C	U	L	A	E	M	G	O	G	A	A	F	O
Q	Y	G	K	J	D	I	B	Y	N	M	O	E	E	P
S	M	G	B	E	R	E	O	L	T	N	F	B	L	C
Q	K	E	J	J	A	R	F	O	S	Y	C	F	T	T
Y	C	A	H	I	T	D	H	P	Q	W	G	T	M	A

KUGEL
BOGEN
ZYLINDER
KREIS
KURVE
DREIECK
ECKE
HYPERBEL
SEITE
KEGEL

WÜRFEL
LINIE
OVAL
PYRAMIDE
PRISMA
KANTEN
RECHTECK
RUND
POLYGON
QUADRAT

16 - Diplomatie

P	B	K	L	U	N	L	Ö	S	U	N	G	G	A	R
S	O	O	O	F	K	R	P	R	Z	O	H	E	U	W
N	T	L	T	N	A	N	L	B	V	I	G	R	F	L
Q	B	R	I	S	F	X	E	E	G	S	D	E	L	Z
S	B	O	R	T	C	L	V	R	P	S	I	C	Ö	T
Z	O	F	P	O	I	H	I	O	R	U	P	H	S	R
N	I	I	X	F	P	K	A	K	I	K	L	T	U	B
Q	Y	Q	U	L	Q	W	Z	F	T	S	O	I	N	E
R	E	G	I	E	R	U	N	G	T	I	M	G	G	R
S	T	B	Ü	R	G	E	R	X	J	D	A	K	S	A
A	U	S	L	Ä	N	D	I	S	C	H	T	E	I	T
M	I	T	Ä	T	I	R	G	E	T	N	I	I	U	E
B	O	T	S	C	H	A	F	T	E	R	S	T	W	R
H	U	M	A	N	I	T	Ä	R	C	V	C	M	P	T
S	P	R	A	C	H	E	N	K	K	I	H	T	E	R

BERATER
BOTSCHAFT
BOTSCHAFTER
AUSLÄNDISCH
BÜRGER
KONFLIKT
DIPLOMATISCH
DISKUSSION
ETHIK
GERECHTIGKEIT
HUMANITÄR
INTEGRITÄT
LÖSUNG
POLITIK
REGIERUNG
AUFLÖSUNG
SPRACHEN

17 - Astronomie

P	F	A	T	U	A	N	O	R	T	S	A	T	A	S
G	L	E	B	E	N	V	K	O	B	U	M	I	S	T
O	G	A	F	G	L	Z	Z	Z	Z	T	M	E	T	R
D	Z	R	N	Q	M	E	Z	U	C	S	O	R	R	A
E	T	M	X	E	I	D	S	P	J	N	N	K	O	H
O	Q	P	N	Z	T	R	J	K	T	L	D	R	N	L
U	Z	I	M	E	T	E	O	R	O	O	S	E	O	U
K	O	M	E	T	B	A	Q	H	J	P	W	I	M	N
O	U	F	B	Q	L	J	S	F	G	R	A	S	R	G
S	A	T	E	L	L	I	T	T	U	C	L	O	A	T
O	X	E	I	B	P	S	L	Z	E	E	S	A	K	R
M	D	A	S	T	U	T	T	G	B	R	M	R	E	D
S	A	D	R	L	R	E	U	O	Q	C	O	L	T	A
O	O	X	M	U	S	R	E	V	I	N	U	I	E	L
K	L	A	R	Y	V	N	E	I	Q	T	I	J	D	W

ERDE
ASTEROID
ASTRONAUT
ASTRONOM
TIERKREIS
KOMET
KOSMOS
MOND
METEOR
NEBEL
PLANET
RAKETE
SATELLIT
STERN
STRAHLUNG
TELESKOP
UNIVERSUM

18 - Emoties

R	A	B	K	N	A	D	Y	L	L	C	K	C	T	L
U	Z	Ä	R	T	L	I	C	H	K	E	I	T	N	A
H	Y	O	N	E	D	E	I	R	F	M	K	C	N	N
E	D	U	E	R	F	B	Y	X	I	H	Q	G	A	G
I	B	N	D	V	F	O	O	G	A	D	K	X	P	E
H	I	E	E	U	X	T	A	A	Y	P	E	Z	S	W
T	N	H	I	B	A	U	F	G	E	R	E	G	T	E
A	H	C	R	L	H	R	O	Z	M	D	G	R	N	I
P	A	S	F	E	S	E	V	K	X	G	E	T	E	L
M	L	A	U	T	H	L	G	Z	C	O	R	Q	N	E
Y	T	R	Z	G	U	I	V	K	V	R	J	S	R	W
S	X	R	N	F	B	E	U	J	I	U	X	U	K	X
J	H	E	W	U	T	F	T	M	Ä	H	C	S	E	B
O	S	B	Y	Y	P	X	A	V	M	I	V	O	K	X
T	C	Ü	E	P	A	N	G	S	T	G	J	O	U	I

ANGST
BESCHÄMT
DANKBAR
INHALT
RUHIG
LIEBE
ENTSPANNT
AUFGEREGT
RELIEF
RUHE
SYMPATHIE
ZÄRTLICHKEIT
ZUFRIEDEN
ÜBERRASCHEN
LANGEWEILE
FRIEDEN
FREUDE
WUT

19 - Vakantie #2

J	Q	R	W	M	R	N	E	F	A	H	G	U	L	F
R	P	Z	J	F	I	S	I	R	G	D	W	N	B	J
Q	Z	E	A	R	W	G	R	E	F	N	C	A	N	R
O	P	M	C	U	C	Z	F	I	O	A	X	C	J	X
G	X	B	G	E	Y	C	V	Z	G	R	N	H	Z	Y
A	S	T	Q	F	Q	S	T	E	N	T	E	Z	U	G
K	S	N	G	O	G	S	G	I	I	S	X	I	V	V
M	A	A	H	O	T	E	L	T	P	T	G	Y	S	R
E	P	R	O	C	C	U	G	R	M	D	R	W	T	E
E	K	U	T	R	O	P	S	N	A	R	T	I	A	P
R	V	A	L	E	I	Z	I	S	C	J	M	L	X	M
O	F	T	V	I	S	U	M	N	Z	E	L	T	I	F
B	F	S	N	O	W	L	X	V	S	P	F	J	M	F
I	R	E	D	N	Ä	L	S	U	A	E	V	W	E	U
Z	P	R	U	R	L	A	U	B	V	N	L	N	G	K

ZIEL
AUSLÄNDER
INSEL
HOTEL
KARTE
CAMPING
FLUGHAFEN
PASS
REISE
RESTAURANT
STRAND
TAXI
ZELT
ZUG
URLAUB
TRANSPORT
VISUM
FREIZEIT
MEER

20 - Weersomstandigheden

H	T	C	T	H	C	U	E	F	M	Z	T	I	L	B
F	I	R	H	J	I	U	S	G	Y	B	R	E	Z	X
D	O	N	N	E	R	M	R	U	T	S	O	I	R	A
R	V	N	Y	Y	G	D	M	F	D	P	P	S	C	T
N	E	G	O	B	N	E	G	E	R	E	I	Q	D	M
K	L	I	M	A	N	P	P	N	L	M	S	U	I	O
T	S	K	Z	G	R	U	M	H	H	J	C	A	B	S
Q	O	Q	P	V	W	F	W	D	O	Z	H	V	J	P
P	M	R	J	F	I	N	M	O	N	S	U	N	T	H
H	R	I	N	N	N	G	T	J	N	E	B	E	L	Ä
I	Y	L	E	A	D	H	U	R	R	I	K	A	N	R
W	R	V	A	E	D	V	L	A	S	A	D	L	A	E
D	Ü	R	R	E	I	O	F	L	Z	U	O	K	O	W
R	M	T	I	H	D	X	U	O	A	G	F	R	S	W
V	V	R	U	T	A	R	E	P	M	E	T	C	N	P

ATMOSPHÄRE
BLITZ
DONNER
DÜRRE
HIMMEL
EIS
KLIMA
NEBEL
MONSUN
HURRIKAN
FLUT
POLAR
REGENBOGEN
STURM
TEMPERATUR
TORNADO
TROPISCH
FEUCHT
WIND
WOLKE

21 - Eten #2

A	N	A	N	A	S	J	O	M	N	O	S	I	V	N
B	E	N	A	N	A	B	U	V	I	F	I	S	C	H
R	Z	T	E	N	W	Z	N	B	L	N	M	G	B	U
O	I	O	I	C	T	Y	P	E	C	E	Q	Q	K	H
K	E	M	D	F	L	E	G	R	A	P	S	G	Ä	C
K	W	A	A	U	B	E	R	G	I	N	E	E	S	I
O	S	T	J	Z	S	B	F	X	A	R	N	I	E	S
L	C	E	O	E	P	U	H	P	A	E	H	P	P	R
I	H	W	G	I	S	A	K	M	A	I	C	E	H	I
S	I	A	H	Z	A	R	C	I	L	S	G	H	Y	F
V	N	C	U	V	D	T	E	G	W	A	D	F	O	P
A	K	B	R	B	T	T	T	L	B	I	H	O	N	U
V	E	W	T	O	R	M	A	N	D	E	L	K	C	N
A	N	U	H	R	Q	O	B	G	O	J	R	U	J	G
I	Y	G	H	E	F	L	T	X	P	E	Z	F	J	N

MANDEL
ANANAS
APFEL
SPARGEL
AUBERGINE
BANANE
BROKKOLI
BROT
TRAUBE
EI
SCHINKEN
KÄSE
HUHN
KIWI
PFIRSICH
REIS
WEIZEN
TOMATE
FISCH
JOGHURT

22 - Geologie

K	E	Z	B	K	H	H	F	Y	B	B	X	O	S	J
O	N	R	I	S	Y	E	G	Q	D	Y	I	Q	T	V
N	O	A	O	N	U	N	E	B	E	B	D	R	E	H
T	Z	U	J	S	T	H	Ö	H	L	E	A	K	I	L
I	G	Q	M	U	I	Z	L	A	K	M	K	J	N	A
N	H	U	W	Q	T	O	P	L	A	T	E	A	U	V
E	F	B	B	S	K	P	N	V	Z	V	R	B	V	A
N	Z	P	K	V	A	R	S	C	R	U	P	V	D	Q
T	S	V	U	W	L	A	P	E	L	L	A	R	O	K
E	J	A	I	T	A	V	V	O	Q	K	F	C	X	P
F	E	L	L	A	T	S	I	R	K	A	O	J	W	J
B	O	Z	D	Z	S	Q	C	W	Z	N	S	U	V	N
G	E	S	C	H	M	O	L	Z	E	N	S	U	P	F
S	Ä	U	R	E	S	C	X	T	H	C	I	H	C	S
P	F	Q	H	H	K	C	I	L	C	P	L	D	X	U

ERDBEBEN
KALZIUM
KONTINENT
EROSION
FOSSIL
GEYSIR
GESCHMOLZEN
HÖHLE
KORALLE
KRISTALLE
QUARZ
SCHICHT
LAVA
PLATEAU
STALAKTIT
STEIN
VULKAN
ZONE
SALZ
SÄURE

23 - Specerijen

S	Z	W	I	E	B	E	L	O	M	B	S	C	Y	U
I	Ü	P	A	P	R	I	K	A	U	A	O	T	W	G
N	G	S	Q	Z	V	O	P	Z	S	W	D	R	Y	M
A	I	I	S	L	E	M	M	Ü	K	Z	U	E	R	K
K	A	R	D	A	M	O	M	S	A	N	T	T	R	L
I	N	G	W	E	R	C	K	P	T	J	T	T	U	O
W	H	F	E	N	C	H	E	L	N	Y	I	I	C	V
J	J	R	N	T	A	E	M	L	U	P	C	B	R	A
S	E	E	L	K	N	R	O	H	S	K	C	O	B	N
Z	A	Y	M	Z	P	X	F	R	S	U	G	H	N	I
I	Q	L	X	R	E	D	N	A	I	R	O	K	E	L
M	F	K	Z	J	E	B	Y	M	S	J	C	D	L	L
T	C	K	N	O	B	L	A	U	C	H	G	R	K	E
G	E	S	C	H	M	A	C	K	L	M	Z	I	E	D
X	T	A	F	T	P	J	X	O	C	K	V	P	P	V

ANIS
BITTER
BOCKSHORNKLEE
INGWER
ZIMT
KARDAMOM
CURRY
KNOBLAUCH
KREUZKÜMMEL
KORIANDER
NELKE
MUSKATNUSS
PAPRIKA
SAFRAN
GESCHMACK
ZWIEBEL
VANILLE
FENCHEL
SÜSS
SALZ

24 - Groenten

S	I	B	R	Ü	K	A	P	E	W	E	H	B	G	K
P	L	A	B	J	S	R	G	J	R	K	A	A	U	N
I	C	T	I	H	J	T	O	I	Y	B	U	G	R	O
N	R	W	P	U	K	I	O	L	E	G	S	I	K	B
A	B	X	G	G	Q	S	N	O	I	K	H	E	E	L
T	A	L	A	S	L	C	P	K	L	V	A	T	N	A
I	N	G	W	E	R	H	I	K	I	K	E	A	I	U
R	R	Ü	B	E	R	O	L	O	S	F	U	M	G	C
T	E	J	M	Y	H	C	Z	R	R	M	J	O	R	H
E	T	T	O	R	A	K	M	B	E	Z	U	T	E	H
G	Q	X	T	R	Q	E	Q	P	T	R	R	U	B	Y
H	S	K	E	I	R	E	L	L	E	S	F	A	U	R
T	J	F	T	R	C	X	S	R	P	N	T	F	A	T
P	O	R	B	D	U	H	Z	W	I	E	B	E	L	N
S	C	H	A	L	O	T	T	E	I	V	U	K	B	A

ARTISCHOCKE
AUBERGINE
BROKKOLI
ERBSE
INGWER
KNOBLAUCH
GURKE
OLIVE
PILZ
PETERSILIE
KÜRBIS
RÜBE
RETTICH
SALAT
SELLERIE
SCHALOTTE
SPINAT
TOMATE
ZWIEBEL
KAROTTE

25 - Archeologie

O	B	J	E	K	T	E	G	R	A	B	M	F	A	Ä
H	F	O	T	V	L	A	D	M	W	S	A	O	N	R
U	A	U	S	W	E	R	T	U	N	G	N	S	A	A
L	R	E	K	F	L	Y	C	S	R	K	N	S	L	R
K	R	A	D	B	O	X	Z	S	C	Y	S	I	Y	G
N	G	Q	L	P	T	R	S	Q	T	G	C	L	S	E
E	Y	A	H	T	F	N	S	M	W	K	H	P	E	H
H	X	E	M	M	O	K	H	C	A	N	A	A	V	E
C	A	P	R	E	L	I	K	T	H	V	F	Q	O	I
O	X	P	E	U	Z	L	E	P	M	E	T	B	P	M
N	P	I	G	R	O	S	S	E	F	O	R	P	R	N
K	N	N	O	I	T	A	S	I	L	I	V	I	Z	I
Z	S	P	N	E	N	E	S	S	E	G	R	E	V	S
A	N	T	I	Q	U	I	T	Ä	T	L	J	J	H	R
U	N	B	E	K	A	N	N	T	G	S	W	M	Y	W

ANALYSE
ZIVILISATION
KNOCHEN
EXPERTE
AUSWERTUNG
FOSSIL
GRAB
GEHEIMNIS
NACHKOMME
OBJEKTE
UNBEKANNT
FORSCHER
URALT
ANTIQUITÄT
PROFESSOR
RELIKT
MANNSCHAFT
TEMPEL
ÄRA
VERGESSEN

26 - Dans

K	L	A	S	S	I	S	C	H	Z	E	K	M	F	V
A	J	N	N	I	P	Y	P	E	H	C	U	P	R	I
U	Y	H	L	Y	R	E	P	R	Ö	K	N	N	H	S
S	I	V	I	M	O	X	B	L	M	L	S	J	Y	U
D	X	N	D	L	B	M	R	C	C	V	T	K	T	E
R	G	N	U	G	E	W	E	B	A	H	H	U	H	L
U	B	F	E	S	O	N	N	Y	P	I	V	O	M	L
C	E	S	A	P	R	U	T	L	U	K	I	S	U	M
K	E	C	G	K	K	M	R	K	W	P	A	Y	S	H
S	D	M	I	Y	A	K	A	D	O	R	X	S	E	A
V	L	G	O	A	Z	D	P	E	I	A	X	U	L	L
O	B	V	C	T	N	N	E	G	N	I	R	P	S	T
L	T	U	Y	A	I	M	J	M	Q	B	U	Y	N	U
L	W	X	D	O	U	O	U	P	I	C	B	S	M	N
F	R	E	U	D	I	G	N	T	F	E	A	K	X	G

AKADEMIE
BEWEGUNG
FREUDIG
KULTUR
EMOTION
AUSDRUCKSVOLL
ANMUT
HALTUNG
KLASSISCH
KUNST
KÖRPER
MUSIK
PARTNER
PROBE
RHYTHMUS
SPRINGEN
VISUELL

27 - Ziekte

W	I	J	L	P	P	Z	W	B	F	S	F	I	S	V
U	E	G	E	W	M	E	T	A	H	C	J	M	Y	O
A	M	N	E	H	C	O	N	K	B	H	G	M	N	S
S	E	N	V	K	S	U	W	T	P	W	O	U	D	H
T	I	E	H	D	N	U	S	E	G	A	H	N	R	E
T	H	I	C	M	X	L	N	R	Z	C	E	I	O	I
H	T	G	I	D	M	K	X	I	K	H	R	T	M	L
E	A	R	L	C	Y	Q	W	E	S	Ö	Z	Ä	A	U
R	P	E	B	P	Z	Z	O	L	J	S	R	T	M	N
A	O	L	R	H	S	B	D	L	P	M	U	P	I	G
P	R	L	E	A	B	D	O	M	I	N	A	L	E	L
I	U	A	G	E	N	E	T	I	S	C	H	T	C	R
E	E	A	N	S	T	E	C	K	E	N	D	J	A	W
G	N	U	D	N	Ü	Z	T	N	E	I	F	P	E	R
N	U	C	H	R	O	N	I	S	C	H	X	N	K	P

ATEMWEGE
ALLERGIEN
BAKTERIELL
ANSTECKEND
KNOCHEN
ABDOMINAL
CHRONISCH
ERBLICH
GENETISCH
HEILUNG
GESUNDHEIT
HERZ
IMMUNITÄT
KÖRPER
NEUROPATHIE
ENTZÜNDUNG
SINUS
SYNDROM
THERAPIE
SCHWACH

28 - Immigratie

G	O	S	V	B	X	G	R	E	N	Z	E	N	R	O
R	B	K	O	M	M	U	N	I	K	A	T	I	O	N
U	B	G	Q	G	S	T	R	E	S	S	Q	M	Z	W
M	E	O	N	N	O	F	F	I	Z	I	E	R	I	G
L	U	G	N	U	R	E	I	Z	N	A	N	I	F	Z
X	B	M	A	T	S	S	E	Z	O	R	P	K	E	S
N	W	Y	Y	L	N	Ö	G	E	S	E	T	Z	N	C
V	E	R	H	A	N	D	L	U	N	G	H	K	E	H
M	H	L	B	W	B	M	G	R	X	I	I	I	S	U
X	C	J	E	R	L	G	X	E	C	F	L	N	H	T
H	A	P	S	E	N	Q	Y	A	H	B	F	D	C	Z
F	R	I	C	V	R	E	E	F	F	Ä	E	E	A	A
H	P	S	I	T	U	A	T	I	O	N	U	R	W	Q
J	S	Y	R	C	K	C	F	R	I	S	T	S	R	M
G	E	N	E	H	M	I	G	U	N	G	H	B	E	Y

VERWALTUNG
SCHUTZ
KOMMUNIKATION
FINANZIERUNG
GENEHMIGUNG
GRENZEN
GEHÄUSE
HILFE
KINDER
OFFIZIER
VERHANDLUNG
LÖSUNG
PROZESS
SITUATION
STRESS
SPRACHE
FRIST
ERWACHSENE
GESETZ

29 - Mythologie

H	L	D	T	V	H	K	J	K	E	C	C	V	K	J
I	A	K	O	E	A	S	R	C	O	M	R	K	R	H
M	B	A	O	R	M	T	E	E	B	D	U	V	E	H
M	Y	T	M	H	H	E	N	D	A	Z	T	X	A	E
E	R	A	A	A	E	R	N	N	G	T	L	H	T	I
L	I	S	G	L	L	B	O	E	A	I	U	A	I	F
M	N	T	I	T	D	L	D	G	O	L	K	R	O	E
O	T	R	S	E	I	I	Z	E	L	B	R	E	N	R
N	H	O	C	N	N	C	D	L	E	H	I	R	C	S
S	S	P	H	N	S	H	K	Q	R	B	E	U	W	U
T	Y	H	P	Y	T	E	H	C	R	A	G	X	N	C
E	R	E	N	P	Ä	H	H	Q	F	W	E	Q	T	H
R	W	L	E	W	R	R	G	C	Z	C	R	H	B	T
M	T	L	Q	F	K	Y	Q	H	A	K	E	C	Y	M
W	U	F	G	W	E	G	O	O	J	R	E	G	R	T

ARCHETYP
BLITZ
KREATION
KULTUR
DONNER
LABYRINTH
VERHALTEN
HELD
HELDIN
HIMMEL
EIFERSUCHT
STÄRKE
KRIEGER
LEGENDE
MAGISCH
MONSTER
KATASTROPHE
STERBLICH
KREATUR
RACHE

30 - Eten #1

Z	F	B	M	U	K	I	L	I	S	A	B	B	I	H
S	P	I	N	A	T	A	I	H	I	P	A	I	S	L
D	L	E	D	R	M	N	R	G	T	G	C	R	O	X
S	A	F	T	L	I	H	O	O	R	X	Y	N	L	E
C	Z	Q	O	O	Z	Y	W	E	T	S	R	E	G	E
X	Z	W	I	E	B	E	L	N	K	T	Z	L	I	Z
F	S	A	L	A	T	Z	A	W	A	P	E	H	R	A
E	L	V	N	X	U	T	H	U	N	F	I	S	C	H
R	E	E	Q	S	V	C	S	N	R	V	G	N	L	C
D	N	R	I	X	H	C	U	A	L	B	O	N	K	L
B	O	C	D	S	O	U	P	Z	U	C	K	E	R	I
E	R	X	V	N	C	A	P	I	I	G	Z	P	I	M
E	T	R	V	Y	U	H	E	M	B	W	G	J	C	U
R	I	G	W	J	W	S	A	P	R	I	K	O	S	E
E	Z	L	A	S	I	W	S	X	G	B	T	J	T	O

ERDBEERE
APRIKOSE
BASILIKUM
ZITRONE
GERSTE
ZIMT
KNOBLAUCH
MILCH
BIRNE
ERDNUSS
SALAT
SAFT
SUPPE
SPINAT
ZUCKER
THUNFISCH
ZWIEBEL
FLEISCH
KAROTTE
SALZ

31 - Avontuur

N	O	I	T	A	G	I	V	A	N	K	T	T	A	O
W	A	U	N	G	E	W	Ö	H	N	L	I	C	H	C
C	E	T	I	E	K	G	I	R	E	I	W	H	C	S
T	M	F	U	E	N	K	K	F	P	E	Ü	M	T	R
S	W	X	D	R	J	E	I	E	I	U	B	A	A	E
P	I	S	C	H	Ö	N	H	E	I	T	E	K	P	I
F	X	C	O	R	G	Z	G	S	F	E	R	T	F	S
S	R	W	H	O	V	I	J	R	R	A	R	I	E	E
W	V	E	L	E	T	E	Y	O	E	N	A	V	R	N
E	Q	Q	U	J	R	L	M	U	U	N	S	I	K	C
C	Z	R	C	D	S	H	Y	T	N	U	C	T	E	Z
N	I	X	N	Y	E	S	E	E	D	F	H	Ä	I	R
A	U	S	F	L	U	G	E	I	E	S	E	T	T	M
H	L	Y	T	Y	F	Q	S	F	T	K	N	R	J	S
C	G	E	F	Ä	H	R	L	I	C	H	D	N	K	P

AKTIVITÄT
ZIEL
AUSFLUG
GEFÄHRLICH
CHANCE
TAPFERKEIT
SCHWIERIGKEIT
NATUR
NAVIGATION
NEU
UNGEWÖHNLICH
ROUTE
REISEN
SCHÖNHEIT
SICHERHEIT
ÜBERRASCHEND
FREUDE
FREUNDE

32 - Restaurant #2

O	Q	Z	M	R	E	I	M	K	Z	Y	K	O	C	S
S	U	P	P	E	L	L	I	Ö	W	A	S	S	E	R
S	L	B	O	I	Z	P	T	S	I	H	R	H	D	G
L	T	H	C	E	K	X	T	T	H	C	U	R	F	E
E	Ö	U	B	H	A	F	A	L	C	Z	R	L	L	T
B	A	F	H	M	O	X	G	I	S	L	M	K	L	R
A	E	B	F	L	H	C	E	C	I	A	P	U	L	Ä
G	B	A	E	E	H	Z	S	H	F	I	F	C	O	N
A	N	H	Z	N	L	N	S	T	L	M	K	H	Z	K
R	I	G	R	R	D	L	E	A	G	C	K	E	L	Q
Q	L	Q	Ü	R	R	E	N	L	L	E	K	N	A	D
F	T	A	W	Q	R	D	S	A	G	E	M	Ü	S	E
H	X	O	E	E	I	U	W	S	A	S	D	L	Y	L
C	L	Q	G	I	H	N	R	B	E	E	T	V	J	B
M	L	B	R	S	H	X	Z	A	E	N	Q	N	C	X

KUCHEN
ABENDESSEN
GETRÄNK
EIER
FRUCHT
GEMÜSE
KÖSTLICH
EIS
LÖFFEL
MITTAGESSEN
NUDELN
KELLNER
SALAT
SUPPE
GEWÜRZE
STUHL
FISCH
GABEL
WASSER
SALZ

33 - Bijen

B	R	J	H	Q	P	N	L	E	G	Ü	L	F	K	Ö
L	H	S	R	L	P	L	E	I	S	H	C	A	W	K
U	L	X	D	Y	A	A	H	X	N	S	F	C	V	O
M	M	G	I	N	O	H	C	U	A	R	E	X	H	S
E	X	A	F	Q	J	D	K	Q	V	Z	T	N	R	Y
N	B	R	O	K	N	E	N	E	I	B	Ü	I	T	S
S	C	T	B	P	D	D	I	U	U	E	L	G	T	T
C	M	E	J	E	O	K	V	K	A	B	B	I	Y	E
H	G	N	T	K	S	L	I	B	W	Q	U	N	D	M
W	N	W	W	T	U	T	L	D	N	R	X	Ö	F	S
A	B	Q	V	V	P	K	Ä	E	S	W	I	K	R	O
R	H	F	F	H	X	E	J	U	N	Y	T	S	U	N
M	T	M	U	A	R	S	N	E	B	E	L	N	C	N
G	P	E	W	T	E	N	P	F	D	E	A	H	H	E
T	L	A	F	L	E	I	V	I	D	D	R	I	T	C

BESTÄUBER
BIENENKORB
BLUMEN
BLÜTE
VIELFALT
ÖKOSYSTEM
FRUCHT
LEBENSRAUM
HONIG
INSEKT
KÖNIGIN
RAUCH
POLLEN
GARTEN
FLÜGEL
ESSEN
WACHS
SONNE
SCHWARM

34 - Wandelen

G	G	F	P	A	D	S	M	K	J	D	C	S	W	U
N	E	P	P	I	L	K	F	Ü	W	K	A	T	E	Y
U	R	F	E	U	I	R	H	H	D	C	M	I	T	B
R	E	E	A	S	W	A	D	V	B	E	P	E	T	Z
E	I	S	F	H	Y	P	M	V	K	H	I	F	E	E
I	T	U	W	E	R	G	K	P	K	C	N	E	R	F
T	E	B	P	N	R	E	S	S	A	W	G	L	E	V
N	N	K	L	I	M	A	N	E	R	Z	P	B	N	B
E	A	G	W	V	H	V	E	T	T	F	G	C	F	E
I	T	E	E	J	K	L	S	N	E	N	N	O	S	R
R	U	V	O	R	B	E	R	E	I	T	U	N	G	G
O	R	G	D	I	P	F	U	Y	U	E	U	V	X	X
S	C	H	W	E	R	P	R	Q	R	E	T	L	Q	Z
D	N	H	Z	K	M	I	P	C	X	Q	Q	S	A	G
R	M	J	J	D	M	G	Q	V	Z	W	V	Q	W	P

BERG
TIERE
GEFAHREN
KARTE
CAMPING
KLIPPE
KLIMA
STIEFEL
MÜDE
NATUR
ORIENTIERUNG
PARKS
STEINE
GIPFEL
VORBEREITUNG
WASSER
WETTER
WILD
SONNE
SCHWER

35 - Ecologie

V	I	E	L	F	A	L	T	J	X	E	Z	O	D	R
F	M	U	X	C	V	G	C	E	A	P	N	Q	T	N
V	M	M	M	E	Z	L	N	E	Z	N	A	L	F	P
O	C	G	U	Y	Z	O	N	R	Ü	O	T	R	A	F
M	A	R	I	N	E	B	A	R	B	I	Ü	F	H	A
K	W	I	U	H	N	A	C	Ü	E	T	R	R	C	U
B	L	D	I	T	D	L	H	D	R	A	L	E	S	N
H	E	I	L	U	A	M	H	B	L	T	I	I	N	A
J	H	R	M	A	D	N	A	I	E	E	C	W	I	Q
Q	S	V	G	A	R	O	L	F	B	G	H	I	E	F
O	L	U	H	E	A	Q	T	P	E	E	A	L	M	O
I	P	N	C	V	K	R	I	M	N	V	X	L	E	D
F	U	N	B	L	Q	R	G	U	Z	W	Z	I	G	J
K	G	S	N	M	F	S	I	S	D	K	I	G	D	S
L	E	B	E	N	S	R	A	U	M	A	R	E	Q	R

BERGE
VIELFALT
DÜRRE
NACHHALTIG
FAUNA
FLORA
GEMEINSCHAFT
GLOBAL
LEBENSRAUM
KLIMA

MARINE
SUMPF
NATUR
NATÜRLICH
ÜBERLEBEN
PFLANZEN
ART
VEGETATION
FREIWILLIGE

36 - Biologie

N	E	G	A	L	L	O	K	R	K	H	I	B	E	K
O	E	S	O	I	B	M	Y	S	K	C	C	S	G	L
M	L	U	E	Y	M	U	T	A	T	I	O	N	Y	F
R	L	V	R	E	N	O	I	T	U	L	O	V	E	W
O	E	Z	M	O	I	L	U	L	O	R	V	U	A	J
H	Z	X	P	G	N	U	M	T	A	Ü	F	V	S	U
S	E	S	E	H	T	N	Y	S	O	T	O	H	P	C
A	Y	I	C	O	J	A	N	A	N	A	L	A	E	H
G	N	N	B	K	E	H	L	W	I	N	Q	N	M	R
V	B	A	A	Y	O	Q	V	E	M	I	V	Y	B	O
E	B	V	T	P	X	J	J	D	N	E	X	Z	R	M
N	Y	I	M	O	S	A	O	V	Z	T	L	L	Y	O
Z	V	G	L	W	M	E	O	S	M	O	S	E	O	S
Y	C	P	Z	G	L	I	T	P	E	R	M	Q	F	O
M	J	X	B	I	S	C	E	V	F	P	C	S	Y	M

ATMUNG
ANATOMIE
ZELLE
CHROMOSOM
KOLLAGEN
PROTEIN
EMBRYO
ENZYM
EVOLUTION
PHOTOSYNTHESE
HORMON
MUTATION
NATÜRLICH
NEURON
OSMOSE
REPTIL
SYMBIOSE
SYNAPSE
NERV

37 - Landen #1

B	E	L	G	I	E	N	S	P	W	L	F	P	B	P
M	A	R	O	K	K	O	W	A	M	N	Y	O	W	A
R	K	F	A	Q	H	Q	M	A	L	E	G	L	Y	N
K	A	M	B	O	D	S	C	H	A	I	Z	E	V	A
I	A	Y	O	S	L	W	L	F	C	N	B	N	E	M
T	D	R	O	B	E	V	N	G	H	Ä	D	Y	N	A
A	A	N	I	L	A	N	T	O	I	M	D	Q	E	N
L	N	F	M	K	R	U	E	B	L	U	M	Z	G	N
I	A	D	Y	X	S	M	F	G	E	R	D	F	E	E
E	K	L	N	E	I	L	I	S	A	R	B	S	W	T
N	L	E	T	T	L	A	N	D	G	L	A	C	R	P
D	E	U	T	S	C	H	L	A	N	D	I	J	O	Y
Z	Y	N	D	R	A	U	G	A	R	A	C	I	N	G
N	H	S	P	A	N	I	E	N	I	F	W	N	G	Ä
S	L	Y	F	X	Q	P	R	D	U	X	X	E	H	J

BELGIEN
BRASILIEN
KAMBODSCHA
KANADA
CHILE
DEUTSCHLAND
ÄGYPTEN
IRAK
ISRAEL
ITALIEN
LETTLAND
LIBYEN
MAROKKO
NICARAGUA
NORWEGEN
PANAMA
POLEN
RUMÄNIEN
SENEGAL
SPANIEN

38 - Installaties

M	H	T	O	U	J	Y	P	C	B	B	N	P	A	Q
U	O	R	N	V	R	I	A	O	J	O	D	L	A	W
A	R	O	L	F	E	M	U	L	B	H	K	A	Z	R
B	X	T	S	N	G	G	L	N	I	N	R	U	H	N
X	M	L	W	Y	N	B	E	E	Q	E	A	B	S	Z
P	M	H	A	O	Ü	U	Z	T	B	Y	U	E	F	E
L	L	E	O	C	D	S	R	R	A	G	T	B	V	L
B	A	M	B	U	S	C	U	A	Z	T	T	A	L	B
X	X	X	B	B	Q	H	W	G	V	R	I	V	U	Z
Q	C	U	B	O	G	A	N	R	T	K	F	O	N	O
N	U	L	E	N	T	L	X	A	U	E	Y	I	N	K
A	G	A	E	T	D	A	S	S	U	T	K	A	K	N
T	C	F	R	X	Z	Y	N	N	Q	K	R	X	P	D
P	M	X	E	L	P	G	E	I	Z	P	F	D	S	P
Y	C	M	N	Y	U	R	W	B	K	I	S	E	C	S

BAMBUS
BEERE
BLATT
BLUME
BAUM
BOHNE
WALD
KAKTUS
FLORA
LAUB

GRAS
EFEU
KRAUT
DÜNGER
MOOS
BOTANIK
BUSCH
GARTEN
VEGETATION
WURZEL

39 - Agronomie

V	E	R	S	C	H	M	U	T	Z	U	N	G	W	X
P	R	K	O	R	G	A	N	I	S	C	H	E	A	Y
E	R	O	S	I	O	N	S	A	A	T	E	A	S	D
S	T	F	A	H	C	S	N	E	S	S	I	W	S	K
Ü	H	O	K	R	A	N	K	H	E	I	T	G	E	Y
M	L	R	S	A	T	H	P	F	P	D	K	M	R	T
E	Ä	S	E	T	P	R	O	D	U	K	T	I	O	N
G	N	C	S	M	U	T	S	H	C	A	W	R	A	O
J	D	H	S	J	W	D	U	M	W	E	L	T	J	J
G	L	U	E	F	E	E	I	G	R	E	N	E	H	A
I	I	N	N	J	L	G	R	E	G	N	Ü	D	Y	J
I	C	G	I	T	L	A	H	H	C	A	N	B	S	F
F	H	K	S	B	N	Y	R	L	E	H	C	Q	K	X
S	Y	S	T	E	M	E	I	G	O	L	O	K	Ö	T
U	P	X	M	N	O	O	G	T	O	E	N	X	W	C

NACHHALTIG
ÖKOLOGIE
ENERGIE
EROSION
WACHSTUM
GEMÜSE
LÄNDLICH
DÜNGER
UMWELT
FORSCHUNG
ORGANISCH
PRODUKTION
STUDIE
SYSTEME
VERSCHMUTZUNG
ESSEN
WASSER
WISSENSCHAFT
SAAT
KRANKHEIT

40 - Oceaan

N	J	R	G	M	C	N	V	A	R	C	Y	M	S	D
C	I	G	Y	H	G	Y	Y	X	M	J	S	R	T	X
E	B	B	A	R	K	P	Z	Q	L	R	G	I	U	P
J	T	Y	W	N	E	T	I	E	Z	E	G	F	R	I
S	H	Ö	T	X	D	N	Y	V	W	T	N	F	M	T
M	Z	K	R	T	O	Y	J	H	C	S	I	F	D	H
M	U	W	G	K	Y	M	O	U	N	U	F	A	A	U
A	L	G	E	N	D	E	W	A	W	A	L	Q	H	N
W	K	O	R	A	L	L	E	Y	F	S	E	U	E	F
H	B	E	Q	W	A	E	I	M	U	E	D	A	C	I
C	S	Q	K	T	A	N	B	H	M	J	Z	L	A	S
S	C	X	K	W	S	R	D	O	C	T	U	L	J	C
X	T	K	B	K	R	A	K	E	O	S	X	E	Q	H
P	A	P	I	Y	P	G	S	O	C	T	L	I	I	O
W	Y	V	E	G	R	B	F	Q	V	M	X	N	C	S

AAL
ALGEN
BOOT
DELFIN
GARNELE
GEZEITEN
HAI
KORALLE
KRABBE
QUALLE
KRAKE
AUSTER
RIFF
SCHILDKRÖTE
SCHWAMM
STURM
THUNFISCH
FISCH
WAL
SALZ

41 - Landen #2

L	I	B	A	N	O	N	D	N	A	L	S	S	U	R
M	T	Z	K	Y	H	L	O	E	I	J	S	O	Y	P
D	Ä	N	E	M	A	R	K	I	N	G	R	A	G	A
N	E	I	R	Y	S	A	I	S	E	C	E	L	F	I
A	D	N	A	G	U	V	X	E	K	J	M	R	G	S
L	P	F	N	T	I	O	E	N	A	P	A	J	I	Y
R	O	D	A	I	L	A	M	O	S	T	W	Ä	U	A
I	J	S	A	U	K	Z	K	D	G	C	A	T	K	L
S	W	H	C	I	E	R	K	N	A	R	F	H	R	A
N	U	B	C	M	R	R	A	I	O	W	B	I	A	M
G	R	I	E	C	H	E	N	L	A	N	D	O	I	N
H	X	E	T	Z	W	P	B	Y	Z	V	J	P	N	E
W	F	I	H	F	N	U	I	I	R	Y	J	I	E	P
U	S	Y	M	L	X	X	A	R	L	C	N	E	Y	A
V	D	V	Q	A	P	T	P	U	E	X	U	N	D	L

DÄNEMARK
ÄTHIOPIEN
FRANKREICH
GRIECHENLAND
IRLAND
INDONESIEN
JAPAN
KENIA
LAOS
LIBANON
LIBERIA
MALAYSIA
MEXIKO
NEPAL
NIGERIA
UGANDA
UKRAINE
RUSSLAND
SOMALIA
SYRIEN

42 - Bloemen

N	E	H	C	M	Ü	L	B	E	S	N	Ä	G	T	O
H	E	S	O	R	U	I	I	V	U	Z	V	H	U	R
O	L	L	L	E	I	L	O	N	G	A	M	J	L	C
M	K	L	I	S	X	I	Z	H	O	P	Y	J	P	H
R	N	A	M	O	Y	E	M	A	X	F	V	R	E	I
S	S	U	A	R	T	S	P	Z	T	C	O	E	S	D
U	H	K	T	T	A	L	B	N	E	T	Ü	L	B	E
H	I	B	I	S	K	U	S	E	U	F	K	C	L	E
D	D	M	G	G	J	Y	T	W	U	J	H	H	A	W
F	N	G	N	N	V	A	X	Ö	H	L	A	C	V	M
E	S	A	H	I	P	B	S	L	J	M	G	Q	E	Z
I	N	L	D	F	F	Q	W	M	L	S	S	E	N	E
H	I	M	M	P	O	I	X	P	I	A	A	E	D	P
G	A	R	D	E	N	I	E	U	G	N	M	J	E	B
Q	E	P	W	L	I	L	A	I	R	E	M	U	L	P

BLÜTENBLATT
STRAUSS
GARDENIE
HIBISKUS
JASMIN
KLEE
LAVENDEL
LILIE
LILA
GÄNSEBLÜMCHEN
MAGNOLIE
ORCHIDEE
LÖWENZAHN
MOHN
PFINGSTROSE
PLUMERIA
ROSE
TULPE

43 - Landschappen

W	A	F	M	W	C	V	S	F	P	M	U	S	U	H
I	E	R	H	B	K	D	Z	L	E	G	Ü	H	G	A
K	A	R	L	O	P	T	J	U	E	X	L	S	Z	L
I	Q	L	X	V	A	V	A	S	S	O	L	V	S	B
G	X	O	G	W	W	R	G	S	I	L	A	D	Q	I
T	Z	S	V	U	L	K	A	N	M	G	F	S	G	N
T	A	C	T	W	Ü	S	T	E	O	E	R	U	E	S
V	R	L	G	R	E	B	Y	L	P	Y	E	O	M	E
R	D	V	R	F	A	U	R	H	W	S	S	X	D	L
M	N	A	E	Z	O	N	D	Ö	I	I	S	D	I	Y
C	U	W	B	O	U	E	D	H	N	R	A	B	T	H
V	T	L	S	M	E	E	R	N	S	O	W	K	J	H
Z	Q	D	I	T	G	P	X	U	E	F	X	X	G	H
Q	W	R	E	H	C	S	T	E	L	G	D	L	C	V
A	W	K	L	O	R	E	L	P	U	L	K	E	Y	C

BERG
INSEL
GEYSIR
GLETSCHER
HÖHLE
HÜGEL
EISBERG
SEE
SUMPF
OASE
OZEAN
FLUSS
HALBINSEL
STRAND
TUNDRA
TAL
VULKAN
WASSERFALL
WÜSTE
MEER

44 - Tuin

Z	S	L	C	K	I	V	C	B	P	U	X	V	K	O
R	A	M	A	D	Q	M	Y	A	A	G	Q	S	I	B
E	T	U	A	R	K	N	U	N	E	T	R	A	G	S
C	I	A	N	E	D	O	B	K	K	F	B	V	H	T
H	E	U	Z	X	K	G	O	T	A	X	T	E	Ä	G
E	Z	S	A	U	C	T	H	J	K	Q	O	R	N	A
N	J	E	S	G	R	A	S	W	N	Q	Q	A	G	R
S	C	H	L	A	U	C	H	C	S	U	B	N	E	T
R	I	Q	E	T	R	A	C	K	N	E	D	D	M	E
C	A	Q	T	H	D	R	I	X	D	T	I	A	A	N
L	A	S	B	L	U	M	E	G	A	R	A	G	T	B
W	O	E	E	P	Q	T	T	T	N	Y	I	H	T	U
B	A	U	M	N	I	L	O	P	M	A	R	T	E	K
S	C	H	A	U	F	E	L	Z	G	T	L	B	T	N
H	I	O	X	D	W	G	M	S	I	G	U	B	Q	V

BANK
BLUME
BODEN
BAUM
OBSTGARTEN
GARAGE
RASEN
GRAS
HÄNGEMATTE
RECHEN
ZAUN
UNKRAUT
SCHAUFEL
SCHLAUCH
BUSCH
TERRASSE
TRAMPOLIN
GARTEN
VERANDA
TEICH

45 - Beroepen #2

U	A	J	O	U	R	N	A	L	I	S	T	X	E	M
C	W	R	E	U	A	B	K	C	H	V	F	V	H	A
N	J	T	Z	R	A	N	H	A	Z	E	R	V	O	L
Q	F	X	Y	T	A	S	T	R	O	N	A	U	T	E
I	L	L	U	S	T	R	A	T	O	R	A	K	J	R
I	N	G	E	N	I	E	U	R	F	C	N	X	V	P
Z	Z	R	G	U	W	I	R	E	H	C	S	R	O	F
U	L	U	O	O	E	B	N	R	G	F	R	D	G	F
K	O	R	L	P	K	Q	X	H	E	O	E	E	Ä	O
W	Z	I	O	S	I	O	S	E	X	G	D	T	R	T
G	F	H	I	J	X	L	B	L	Q	L	N	E	T	O
W	M	C	B	W	T	N	O	X	U	Q	I	K	N	G
L	I	N	G	U	I	S	T	T	O	T	F	T	E	R
B	I	B	L	I	O	T	H	E	K	A	R	I	R	A
P	H	I	L	O	S	O	P	H	L	U	E	V	V	F

ARZT
ASTRONAUT
BIBLIOTHEKAR
BIOLOGE
BAUER
CHIRURG
DETEKTIV
PHILOSOPH
FOTOGRAF
ILLUSTRATOR
INGENIEUR
JOURNALIST
LEHRER
LINGUIST
FORSCHER
PILOT
MALER
ZAHNARZT
GÄRTNER
ERFINDER

46 - Dagen en Maanden

O	H	B	H	A	I	D	Q	U	D	J	K	M	F	M
D	M	Ä	R	Z	G	B	F	K	N	U	E	O	E	A
U	I	R	T	G	W	J	O	R	G	L	X	N	B	G
S	V	E	U	A	N	F	A	N	E	I	F	T	R	R
T	D	B	N	T	X	O	C	L	J	I	Z	A	U	S
N	W	M	I	S	R	R	K	V	J	H	T	G	A	U
G	R	E	X	R	T	H	X	T	H	W	H	A	R	V
A	E	T	E	E	S	A	B	A	O	H	R	O	G	J
T	D	P	I	N	U	J	G	N	Z	B	P	F	A	A
N	N	E	X	N	G	R	N	O	Q	U	E	O	J	N
N	E	S	A	O	U	M	N	M	V	V	S	R	W	U
O	L	F	R	D	A	N	O	V	E	M	B	E	R	A
S	A	M	S	T	A	G	W	O	C	H	E	G	X	R
D	K	M	I	T	T	W	O	C	H	Y	I	S	T	B
X	P	I	O	K	N	A	N	R	D	C	Q	J	F	K

AUGUST
DIENSTAG
DONNERSTAG
FEBRUAR
JAHR
JANUAR
JULI
JUNI
KALENDER
MONAT
MONTAG
MÄRZ
NOVEMBER
OKTOBER
SEPTEMBER
FREITAG
WOCHE
MITTWOCH
SAMSTAG
SONNTAG

47 - Beeldende Kunsten

A	R	C	H	I	T	E	K	T	U	R	K	T	X	K
B	P	X	T	E	B	V	C	Ä	N	D	Ü	O	M	E
P	S	J	B	L	L	I	A	T	T	I	N	N	E	R
I	B	O	E	E	E	T	L	I	F	O	S	C	I	A
Z	M	L	I	F	I	K	M	V	I	S	T	B	S	M
F	O	T	O	F	S	E	P	I	T	A	L	C	T	I
H	S	M	Y	A	T	P	O	T	S	K	E	W	E	K
K	O	C	R	T	I	S	R	A	K	J	R	A	R	G
O	R	L	H	S	F	R	T	E	U	L	O	C	W	I
I	E	E	Z	A	T	E	R	R	L	M	U	H	E	C
P	F	R	I	K	B	P	Ä	K	P	L	B	S	R	K
F	F	C	J	D	O	L	T	K	T	M	Y	G	K	C
Z	I	B	T	H	E	H	O	I	U	P	M	E	P	P
G	E	M	Ä	L	D	E	L	N	R	C	S	A	S	T
C	Y	A	I	G	V	C	C	E	E	I	G	T	J	S

ARCHITEKTUR
KÜNSTLER
SKULPTUR
KREATIVITÄT
STAFFELEI
FILM
FOTO
HOLZKOHLE
KERAMIK
TON
KREIDE
MEISTERWERK
STIFT
PERSPEKTIVE
PORTRÄT
BLEISTIFT
GEMÄLDE
SCHABLONE
LACK
WACHS

48 - Mode

U	D	D	D	M	Z	F	F	O	T	S	N	A	K	E
T	R	E	N	D	R	W	T	U	X	E	N	T	S	R
N	O	S	P	I	T	Z	E	F	I	E	X	P	M	F
A	R	G	X	V	A	Z	I	W	G	L	A	T	U	D
G	I	N	Y	K	H	C	A	F	N	I	E	K	U	S
E	G	R	E	X	C	P	X	W	U	T	B	O	P	R
L	I	E	Q	D	S	J	Z	N	D	S	O	M	K	E
E	N	D	N	Z	I	S	L	Z	I	N	U	F	M	U
V	A	O	E	R	T	E	J	X	E	O	T	O	I	E
A	L	M	H	P	K	T	H	D	L	W	I	R	O	T
X	Y	P	R	W	A	V	A	C	K	Y	Q	T	G	V
M	U	S	T	E	R	P	Z	S	S	E	U	A	A	J
F	S	W	U	N	P	H	N	L	T	E	E	B	O	U
S	T	I	C	K	E	R	E	I	B	E	B	E	A	B
B	W	S	D	T	H	B	I	G	I	V	N	L	B	C

BESCHEIDEN
STICKEREI
KOMFORTABEL
TEUER
EINFACH
ELEGANT
SPITZE
KLEIDUNG
TASTEN
MODERN
ORIGINAL
MUSTER
PRAKTISCH
STIL
STOFF
TEXTUR
TREND
BOUTIQUE

49 - Tuinieren

F	E	U	C	H	T	I	G	K	E	I	T	L	S	O
A	A	Z	T	O	R	E	N	I	A	T	N	O	C	P
C	E	M	B	P	W	P	Q	M	E	L	P	Y	H	V
K	E	L	N	E	T	R	A	G	T	S	B	O	M	W
Y	I	B	E	I	R	U	I	N	Ü	O	S	J	U	A
N	T	W	D	Q	A	T	H	T	L	I	T	L	T	S
X	E	X	O	T	I	S	C	H	B	Z	R	E	Z	S
S	X	N	B	X	B	O	I	H	W	Q	A	X	U	E
A	C	R	K	R	K	P	M	N	T	G	U	H	T	R
B	T	H	W	Q	Q	M	H	O	A	Q	S	U	E	V
K	L	G	L	A	N	O	S	I	A	S	S	P	S	A
S	L	A	S	A	C	K	E	S	S	B	A	R	Q	A
Y	G	I	T	B	U	A	L	N	S	M	P	U	H	O
U	J	J	M	T	H	C	S	I	N	A	T	O	B	C
C	N	N	V	A	G	Y	H	I	U	H	V	L	D	C

BLATT
BLÜTE
BODEN
STRAUSS
OBSTGARTEN
BOTANISCH
KOMPOST
CONTAINER
ESSBAR
EXOTISCH

LAUB
KLIMA
SAISONAL
SCHLAUCH
ART
FEUCHTIGKEIT
SCHMUTZ
WASSER
SAAT

50 - Menselijk Lichaam

K	B	R	W	Y	N	M	H	O	N	C	R	K	N	T
N	B	E	Z	A	Q	M	U	A	N	X	G	A	W	Q
Ö	O	G	I	J	J	E	R	V	U	N	A	K	O	Z
C	K	N	N	N	U	R	H	O	U	T	X	X	Q	P
H	W	I	L	S	K	E	E	G	N	U	Z	R	E	H
E	T	F	X	Q	Y	F	Y	T	N	L	Q	C	H	Q
L	N	E	G	A	M	E	Y	B	L	B	E	D	X	W
G	E	H	I	R	N	I	N	D	P	U	A	M	A	Y
N	G	S	S	A	N	K	E	A	G	M	H	A	N	D
A	O	W	A	E	I	X	B	D	O	U	O	C	C	G
S	B	F	P	O	K	K	N	I	E	N	D	T	S	N
E	L	D	K	G	J	V	H	V	Q	D	M	Y	A	P
U	L	B	T	Y	N	N	A	Y	F	Y	J	Y	Q	O
F	E	H	Q	G	C	T	L	N	L	Y	Y	P	X	M
J	J	M	A	T	B	Q	S	I	P	Q	U	U	V	X

BEIN
BLUT
ELLBOGEN
KNÖCHEL
HAND
HERZ
GEHIRN
KOPF
HAUT
KIEFER
KINN
KNIE
MAGEN
MUND
HALS
NASE
OHR
SCHULTER
ZUNGE
FINGER

51 - Energie

V	E	W	N	O	T	O	H	P	H	I	T	Z	E	M
E	L	A	E	C	I	U	W	X	B	D	E	E	K	O
R	E	S	L	I	N	R	R	B	E	N	Z	I	N	T
S	K	S	E	B	D	G	N	B	F	I	L	P	I	O
C	T	E	K	E	U	U	R	G	I	W	W	O	N	R
H	R	R	T	K	S	P	M	X	O	N	U	R	V	B
M	O	S	R	A	T	B	U	W	A	J	E	T	N	R
U	N	T	I	D	R	T	A	S	E	U	P	N	U	E
T	E	O	S	I	I	H	K	T	Z	L	Q	E	K	N
Z	G	F	C	E	E	F	Z	Q	T	I	T	X	L	N
U	S	F	H	S	V	B	J	H	B	E	W	J	E	S
N	Q	P	U	E	L	N	C	P	S	Z	R	E	A	T
G	I	M	S	L	H	W	D	L	T	R	G	I	R	O
T	G	A	E	R	N	E	U	E	R	B	A	R	E	F
G	E	D	K	O	H	L	E	N	S	T	O	F	F	F

BATTERIE
BENZIN
BRENNSTOFF
DIESEL
ELEKTRISCH
ELEKTRON
ENTROPIE
PHOTON
ERNEUERBAR
INDUSTRIE
KOHLENSTOFF
MOTOR
NUKLEAR
UMWELT
DAMPF
TURBINE
VERSCHMUTZUNG
HITZE
WASSERSTOFF
WIND

52 - Familie

V	Z	G	Q	Z	P	M	E	V	J	G	W	E	E	V
S	Ä	W	F	G	U	Y	U	C	U	Y	W	H	H	O
C	D	T	I	C	D	O	O	T	F	J	U	E	E	R
H	C	W	E	L	L	B	Y	F	T	R	C	M	F	F
W	G	C	T	R	L	J	E	F	F	E	N	A	R	A
E	S	L	H	E	L	I	A	O	V	T	R	N	A	H
S	L	Y	C	D	D	I	N	X	U	A	V	N	U	R
T	L	S	I	U	X	O	C	G	T	V	A	W	D	X
E	I	C	N	R	F	T	L	H	E	S	T	D	C	Z
R	M	U	J	B	E	N	K	E	L	S	E	A	V	M
T	O	C	H	T	E	R	W	Z	Y	O	R	O	G	D
K	I	N	D	E	R	V	A	I	L	R	D	N	I	K
J	K	I	N	D	H	E	I	T	Q	G	M	K	K	L
G	R	O	S	S	M	U	T	T	E	R	F	E	A	D
V	V	P	M	A	T	A	N	T	E	Q	L	L	A	N

BRUDER
TOCHTER
GROSSMUTTER
KINDHEIT
KIND
KINDER
ENKEL
EHEMANN
MUTTER
NEFFE
NICHTE
ONKEL
GROSSVATER
TANTE
ZWILLINGE
VATER
VÄTERLICH
VORFAHR
EHEFRAU
SCHWESTER

53 - Gebouwen

Y	Z	I	Y	I	N	W	K	I	N	O	B	H	K	L
F	K	O	R	P	H	F	E	J	D	O	O	O	A	S
U	Q	Q	X	F	Y	R	J	N	N	R	T	T	B	C
J	X	V	D	P	Q	S	E	O	U	R	S	E	I	H
D	C	C	L	H	W	O	O	I	O	E	C	L	N	L
K	Y	T	V	G	E	Z	I	D	J	T	H	Q	E	O
A	L	T	N	E	M	T	R	A	P	A	A	C	V	S
R	N	A	M	D	Y	F	B	T	C	E	F	N	S	S
L	A	B	O	R	K	E	I	S	O	H	T	P	K	P
M	G	K	N	E	Z	X	C	N	R	T	E	L	W	U
E	Q	I	S	U	P	E	R	M	A	R	K	T	E	U
T	U	R	M	M	U	S	E	U	M	F	O	D	X	Z
L	Z	B	S	C	H	U	L	E	A	U	S	W	F	U
K	D	A	M	U	N	I	V	E	R	S	I	T	Ä	T
Y	T	F	O	H	N	R	E	U	A	B	K	L	W	H

BOTSCHAFT
APARTMENT
KINO
BAUERNHOF
KABINE
FABRIK
HOTEL
SCHLOSS
LABOR
MUSEUM
SCHULE
SCHEUNE
STADION
SUPERMARKT
ZELT
THEATER
TURM
UNIVERSITÄT

54 - Beroepen #1

T	B	B	Q	F	H	U	V	C	J	B	E	G	A	K
Ä	Z	A	L	L	C	G	K	G	M	K	D	E	P	L
N	V	R	N	I	J	V	O	R	P	O	I	O	O	E
Z	A	E	A	K	A	Q	V	D	X	Y	T	L	T	M
E	I	K	P	K	I	K	I	W	F	H	O	O	H	P
R	I	I	K	O	H	E	M	P	K	A	R	G	E	N
V	O	S	U	H	Z	P	R	E	G	Ä	J	E	K	E
D	U	U	M	P	O	L	A	T	H	L	E	T	E	R
V	U	M	V	T	Z	R	A	R	E	I	T	M	R	S
P	I	A	N	I	S	T	K	S	G	U	K	T	A	P
T	N	N	E	H	I	A	M	O	N	O	R	T	S	A
R	E	C	H	T	S	A	N	W	A	L	T	C	A	E
J	U	W	E	L	I	E	R	Q	J	R	L	R	A	O
B	O	T	S	C	H	A	F	T	E	R	C	L	A	A
M	E	C	H	A	N	I	K	E	R	W	L	L	L	K

RECHTSANWALT
BOTSCHAFTER
APOTHEKER
ASTRONOM
ATHLET
BANKIER
KARTOGRAPH
TÄNZER
TIERARZT
ARZT
EDITOR
GEOLOGE
JÄGER
JUWELIER
KLEMPNER
MECHANIKER
MUSIKER
PIANIST

55 - Antarctica

M	I	N	E	R	A	L	I	E	N	R	M	G	K	W
T	O	P	O	G	R	A	P	H	I	E	I	L	O	O
T	E	M	P	E	R	A	T	U	R	X	G	E	N	L
E	R	H	A	L	T	U	N	G	H	B	R	T	T	K
A	T	I	N	S	E	L	N	I	H	U	A	S	I	E
Y	R	B	N	X	F	E	G	G	A	C	T	C	N	N
O	I	T	O	T	O	S	E	F	S	H	I	H	E	O
E	I	S	I	H	R	N	O	X	E	T	O	E	N	P
U	V	R	T	C	S	I	G	U	R	L	N	R	T	I
K	M	A	I	H	C	B	R	J	C	Z	S	P	W	N
J	U	W	D	C	H	L	A	B	H	P	N	I	M	G
L	L	D	E	G	E	A	P	F	D	O	Y	R	G	U
I	G	D	P	L	R	H	H	W	A	S	S	E	R	I
A	P	P	X	Q	T	X	I	E	S	K	E	F	D	N
Z	U	U	E	V	X	Y	E	N	Y	M	G	S	U	E

BUCHT
ERHALTUNG
KONTINENT
INSELN
EXPEDITION
GEOGRAPHIE
GLETSCHER
EIS
MIGRATION
MINERALIEN

UMWELT
FORSCHER
PINGUINE
FELSIG
HALBINSEL
ART
TEMPERATUR
TOPOGRAPHIE
WASSER
WOLKEN

56 - Ballet

O	T	M	U	K	I	L	B	U	P	N	S	D	K	I
Y	R	S	U	M	H	T	Y	H	R	Z	T	U	O	N
M	T	C	O	S	I	X	A	R	P	E	I	V	M	T
X	S	I	H	G	I	T	U	M	N	A	L	S	P	E
H	Z	X	P	E	W	K	I	N	H	C	E	T	O	N
A	H	I	B	B	S	V	N	M	B	W	T	C	N	S
T	P	P	Y	O	V	T	A	F	O	P	S	K	I	I
Ä	P	P	S	R	K	L	E	N	C	I	E	D	S	T
N	Y	J	L	P	P	F	S	R	U	L	G	A	T	Ä
Z	K	Y	Y	A	B	A	L	L	E	R	I	N	A	T
E	O	L	S	V	U	M	U	S	K	E	L	B	R	F
R	M	L	L	O	V	S	K	C	U	R	D	S	U	A
K	Ü	N	S	T	L	E	R	I	S	C	H	R	Q	X
C	H	O	R	E	O	G	R	A	P	H	I	E	W	S
N	S	I	M	F	Ä	H	I	G	K	E	I	T	M	V

APPLAUS
KÜNSTLERISCH
BALLERINA
CHOREOGRAPHIE
KOMPONIST
TÄNZER
AUSDRUCKSVOLL
GESTE
INTENSITÄT
MUSIK
ORCHESTER
PRAXIS
PUBLIKUM
PROBE
RHYTHMUS
ANMUTIG
MUSKEL
STIL
TECHNIK
FÄHIGKEIT

57 - Vissen

J	A	H	R	E	S	Z	E	I	T	W	Y	M	D	Ü
Z	Z	Y	S	A	S	G	C	F	X	L	M	K	R	B
O	B	S	Y	G	U	T	E	H	H	Q	C	I	U	E
W	G	E	L	L	L	S	X	D	W	C	I	E	W	R
R	N	P	H	M	F	O	R	Y	U	F	K	F	A	T
C	G	S	O	Z	E	A	N	Ü	Q	L	J	E	S	R
Z	H	T	H	A	R	D	Z	Q	S	Q	D	R	S	E
W	B	R	O	K	I	O	T	Q	A	T	I	S	E	I
A	R	A	T	S	Y	I	B	N	G	I	U	A	R	B
V	R	N	E	K	A	H	O	E	Q	D	F	N	V	U
J	U	D	E	W	F	U	O	S	X	K	Y	B	G	N
I	L	Y	S	M	A	K	T	S	U	Ö	G	G	P	G
L	U	R	E	N	E	H	C	O	K	D	B	E	P	M
S	D	Z	R	Y	A	I	M	L	X	E	Q	D	O	C
G	E	W	I	C	H	T	K	F	V	R	O	D	K	D

KÖDER
AUSRÜSTUNG
BOOT
DRAHT
GEDULD
GEWICHT
HAKEN
KIEFER
KIEMEN
KOCHEN
KORB
SEE
OZEAN
ÜBERTREIBUNG
FLUSS
JAHRESZEIT
STRAND
FLOSSEN
WASSER

58 - Fruit

C	U	I	F	A	B	S	E	Z	U	E	P	T	H	N
Q	M	Y	E	N	R	I	B	G	L	S	F	R	I	E
H	M	X	G	A	Z	M	A	N	G	O	I	A	M	K
P	V	J	J	N	K	R	Y	K	N	K	R	U	B	T
M	I	D	Q	A	P	A	A	Z	M	I	S	B	E	A
C	E	B	E	S	T	V	P	W	E	R	I	E	E	R
U	G	L	E	S	I	O	A	A	H	P	C	R	R	I
K	N	E	O	R	K	C	P	I	C	A	H	E	E	N
P	A	F	J	N	E	A	P	I	S	V	L	E	P	E
F	R	P	H	G	E	D	W	T	R	Z	W	B	P	N
L	O	A	D	E	N	O	R	T	I	Z	S	H	F	H
A	V	W	M	I	A	V	B	Q	K	I	W	I	S	K
U	J	B	U	Z	N	K	O	K	O	S	N	U	S	S
M	X	O	H	Z	A	J	I	J	Y	L	Z	H	A	N
E	F	I	N	Z	B	G	Z	U	Z	Q	K	V	I	Q

APRIKOSE
ANANAS
APFEL
AVOCADO
BANANE
BEERE
ZITRONE
TRAUBE
HIMBEERE
KIRSCHE
KIWI
KOKOSNUSS
MANGO
MELONE
NEKTARINE
ORANGE
PAPAYA
BIRNE
PFIRSICH
PFLAUME

59 - Engineering

Z	F	U	N	A	L	B	K	D	N	V	D	B	E	U
P	M	U	D	C	G	V	H	I	F	E	U	E	N	U
U	B	E	I	R	T	N	A	A	L	R	R	R	E	Y
I	J	C	E	S	H	C	A	G	Ü	T	C	E	R	Q
G	N	U	S	S	E	M	M	R	S	E	H	C	G	Y
S	M	R	E	E	K	X	A	A	S	I	M	H	I	S
W	T	A	L	O	R	D	S	M	I	L	E	N	E	D
T	I	A	E	T	Ä	D	C	M	G	U	S	U	M	R
R	I	N	B	J	T	O	H	R	K	N	S	N	O	E
E	G	E	K	I	S	X	I	G	E	G	E	G	T	H
I	X	T	F	E	L	P	N	Y	I	L	R	N	O	U
B	P	R	C	E	L	I	E	V	T	J	R	D	R	N
U	U	S	S	G	R	U	T	K	U	R	T	S	W	G
N	T	G	I	H	L	W	L	Ä	I	I	S	G	I	T
G	M	N	O	I	T	K	U	R	T	S	N	O	K	K

ACHSE
BERECHNUNG
KONSTRUKTION
DIAGRAMM
DURCHMESSER
TIEFE
DIESEL
VERTEILUNG
ENERGIE
WINKEL
STÄRKE
MASCHINE
MESSUNG
MOTOR
DREHUNG
STABILITÄT
STRUKTUR
FLÜSSIGKEIT
ANTRIEB
REIBUNG

60 - Literatuur

D	N	R	D	N	Q	R	W	V	M	B	A	P	C	O
C	Q	Q	H	I	P	X	M	J	E	B	N	O	M	G
Z	E	I	H	P	A	R	G	O	I	B	E	E	S	T
N	P	X	K	V	L	L	N	Z	N	K	K	T	M	H
H	K	H	E	G	E	I	O	E	U	E	D	I	Z	B
V	R	E	I	M	M	T	I	G	N	K	O	S	T	O
E	E	H	D	I	K	S	T	K	G	S	T	C	H	M
R	S	R	Ö	B	U	O	K	G	Y	J	E	H	E	E
Z	Y	M	G	S	C	J	I	R	O	M	A	N	M	T
Ä	L	T	A	L	S	S	F	I	O	V	W	P	A	A
H	A	Q	R	C	E	S	U	M	H	T	Y	H	R	P
L	N	M	T	H	C	I	D	E	G	F	U	Z	N	H
E	A	J	Q	S	Z	K	C	B	U	B	A	A	T	E
R	G	N	U	B	I	E	R	H	C	S	E	B	X	R
A	N	A	L	O	G	I	E	U	R	D	N	D	M	E

ANALOGIE
ANALYSE
ANEKDOTE
AUTOR
BIOGRAPHIE
DIALOG
FIKTION
GEDICHT
MEINUNG
METAPHER
BESCHREIBUNG
POETISCH
REIM
RHYTHMUS
ROMAN
STIL
THEMA
TRAGÖDIE
VERGLEICH
ERZÄHLER

61 - Boeken

E	D	U	A	L	I	T	Ä	T	T	G	P	M	Y	Z
T	R	E	L	H	Ä	Z	R	E	R	C	O	M	G	C
I	E	F	A	H	C	S	I	R	A	R	E	T	I	L
E	S	R	I	V	J	Y	W	S	G	O	S	M	K	C
S	E	L	L	N	U	G	Z	B	I	H	I	U	N	V
I	L	R	T	U	D	E	Z	K	S	M	E	X	E	N
T	N	A	V	E	L	E	R	I	C	C	N	W	B	M
K	O	N	T	E	X	T	R	E	H	D	O	Y	E	L
Y	R	Y	G	W	H	C	S	I	R	O	T	S	I	H
H	U	M	O	R	V	O	L	L	S	Q	I	B	R	C
G	E	D	I	C	H	T	X	O	U	C	O	R	H	S
H	K	O	L	L	E	K	T	I	O	N	H	O	C	I
A	B	E	N	T	E	U	E	R	C	T	O	M	S	P
A	U	T	O	R	G	U	G	L	D	Z	U	A	E	E
G	E	S	C	H	I	C	H	T	E	X	Y	N	G	Q

AUTOR
ABENTEUER
SEITE
KOLLEKTION
KONTEXT
DUALITÄT
EPISCH
GEDICHT
GESCHRIEBEN
HISTORISCH
HUMORVOLL
ERFINDERISCH
LESER
LITERARISCH
POESIE
RELEVANT
ROMAN
TRAGISCH
GESCHICHTE
ERZÄHLER

62 - Meer Informatie

E	G	M	N	V	I	J	E	R	E	U	E	F	P	F
C	X	E	H	L	T	Y	X	Ä	B	D	Q	D	L	L
F	S	P	H	C	U	M	T	N	Ü	X	L	N	A	J
H	E	J	L	E	R	E	R	I	C	Q	Y	N	N	T
C	E	L	V	O	I	T	E	G	H	H	F	Q	E	E
S	P	C	D	N	S	M	M	A	E	K	B	L	T	C
I	Z	Q	C	I	P	I	N	M	R	I	X	Y	J	H
T	O	E	X	K	F	N	O	I	S	U	L	L	I	N
S	R	I	N	W	E	L	T	N	S	I	J	H	A	O
A	A	X	N	A	H	A	E	Z	W	V	H	S	B	L
T	K	A	R	I	R	J	I	S	X	A	O	H	X	O
N	E	L	Z	O	F	I	P	B	B	F	M	L	L	G
A	L	A	G	E	I	P	O	T	S	Y	D	L	L	I
F	K	G	R	O	B	O	T	E	R	T	Z	L	E	E
N	Z	H	O	N	P	J	U	Q	G	I	W	R	T	R

KINO
BÜCHER
FEUER
IMAGINÄR
DYSTOPIE
EXPLOSION
EXTREM
FANTASTISCH
ILLUSION

GEHEIMNISVOLL
ORAKEL
PLANET
ROBOTER
SZENARIO
GALAXIE
TECHNOLOGIE
UTOPIE
WELT

63 - Haartypes

Y	Q	B	L	A	W	L	D	T	L	W	R	D	M	L
C	G	P	O	U	W	F	M	K	U	O	M	M	C	O
B	Q	E	Q	X	O	Q	Z	E	G	Y	D	D	B	C
Z	V	N	D	S	X	J	R	O	J	F	O	Ü	N	K
W	F	C	C	S	G	N	U	A	R	B	H	N	Y	I
G	E	V	A	I	B	L	K	L	A	N	G	N	S	G
T	R	I	N	E	T	H	C	O	L	F	E	G	I	O
R	G	A	C	W	G	A	X	I	P	T	W	I	L	U
O	E	C	U	H	P	K	B	Q	G	F	J	B	B	D
C	S	W	E	L	L	I	G	J	N	D	H	R	E	I
K	U	Y	N	D	H	D	Z	N	P	S	L	A	R	C
E	N	E	K	C	O	L	B	L	O	N	D	F	U	K
N	D	B	H	I	N	O	C	X	X	P	K	M	C	T
S	I	M	P	L	T	O	Q	K	G	X	H	W	U	R
S	C	H	W	A	R	Z	G	T	T	K	S	R	O	Q

BLOND
BRAUN
DICK
TROCKEN
DÜNN
FARBIG
GEFLOCHTEN
GESUND
WELLIG
GRAU

KOPFHAUT
KAHL
KURZ
LOCKEN
LOCKIG
LANG
WEISS
WEICH
SILBER
SCHWARZ

64 - Stad

H	G	B	S	V	M	F	B	T	U	H	H	S	W	E
H	A	L	C	N	Z	H	J	T	H	F	I	S	P	T
X	L	U	H	W	C	D	U	A	F	E	O	M	X	Ä
F	E	M	U	V	Y	G	N	O	I	D	A	T	S	T
X	R	E	L	T	P	N	P	Y	O	U	P	T	E	I
S	I	N	E	P	D	U	M	M	J	Y	L	K	E	S
U	E	H	K	B	F	L	U	G	H	A	F	E	N	R
P	G	Ä	E	Ä	D	D	E	S	M	H	C	H	H	E
E	E	N	H	C	K	N	S	T	B	E	A	T	B	V
R	S	D	T	K	L	A	U	I	O	V	L	O	A	I
M	C	L	O	E	I	H	M	J	O	H	V	I	N	N
A	H	E	P	R	N	H	Z	J	Z	L	R	L	K	U
R	Ä	R	A	E	I	C	M	A	R	K	T	B	Z	O
K	F	U	L	I	K	U	B	Y	U	K	K	I	N	O
T	T	A	R	E	O	B	R	B	T	P	B	B	U	S

APOTHEKE
BÄCKEREI
BANK
BIBLIOTHEK
KINO
BLUMENHÄNDLER
BUCHHANDLUNG
ZOO
GALERIE
HOTEL

KLINIK
FLUGHAFEN
MARKT
MUSEUM
SCHULE
STADION
SUPERMARKT
THEATER
UNIVERSITÄT
GESCHÄFT

65 - Creativiteit

T	H	C	S	I	R	E	D	N	I	F	R	E	E	P
Ä	X	J	E	P	S	N	E	E	D	I	J	D	I	H
T	W	S	N	P	B	O	K	G	A	T	P	C	N	A
I	G	W	S	P	Y	I	A	L	L	Z	F	B	D	N
Z	F	D	A	T	I	T	L	U	A	P	X	J	R	T
I	T	V	T	Ä	T	A	N	D	S	R	O	H	U	A
T	I	Q	I	T	G	R	X	P	V	D	H	Q	C	S
N	E	N	O	I	S	I	V	L	U	S	R	E	K	I
E	K	K	N	L	M	P	G	A	K	B	V	U	I	E
H	G	T	P	A	W	S	Z	R	N	T	Y	U	C	T
T	I	R	O	T	B	N	A	T	N	O	P	S	X	K
U	H	R	C	I	K	I	G	E	F	Ü	H	L	E	O
A	Ä	Z	N	V	I	N	T	U	I	T	I	O	N	F
E	F	E	I	N	T	E	N	S	I	T	Ä	T	I	Q
K	Ü	N	S	T	L	E	R	I	S	C	H	Q	J	M

KÜNSTLERISCH
BILD
AUTHENTIZITÄT
SENSATION
GEFÜHLE
KLARHEIT
IDEEN
EINDRUCK
INSPIRATION
INTENSITÄT
INTUITION
ERFINDERISCH
SPONTAN
AUSDRUCK
FÄHIGKEIT
PHANTASIE
VISIONEN
VITALITÄT

66 - Natuur

O	Y	N	Y	I	R	J	H	N	K	U	L	E	L	Z
O	Z	D	E	L	C	T	C	E	G	R	E	B	E	D
D	D	B	Z	B	H	H	S	T	I	A	I	C	B	H
R	F	O	U	S	E	F	I	S	N	T	A	B	E	W
B	I	E	N	E	N	L	M	Ü	Y	O	E	Y	N	C
W	I	L	D	Z	E	Y	A	W	M	W	M	R	S	G
W	A	L	D	K	V	K	N	N	V	F	D	S	W	L
W	O	L	K	E	N	O	Y	P	H	R	R	C	I	E
F	L	U	S	S	D	T	D	Z	C	I	D	H	C	T
T	I	E	H	N	Ö	H	C	S	S	X	J	U	H	S
X	I	O	M	U	T	G	I	L	I	E	H	T	T	C
G	L	E	S	I	T	K	R	A	P	E	G	Z	I	H
W	V	W	R	L	A	C	W	U	O	B	G	Q	G	E
S	P	B	C	E	Z	W	V	B	R	B	D	P	P	R
E	R	O	S	I	O	N	M	E	T	L	T	D	L	T

ARKTIS
BERGE
BIENEN
WALD
TIERE
DYNAMISCH
EROSION
LAUB
GLETSCHER
HEILIGTUM
NEBEL
FLUSS
SCHÖNHEIT
SCHUTZ
HEITER
TROPISCH
LEBENSWICHTIG
WILD
WÜSTE
WOLKEN

67 - Zoogdieren

D	A	U	X	V	S	Y	G	C	D	R	E	F	P	W
E	D	S	K	S	N	A	E	F	E	S	A	H	T	A
Q	F	K	G	H	K	W	L	R	L	Z	M	U	G	L
T	T	Z	W	C	Q	H	N	K	F	B	I	B	E	R
K	Ä	N	G	U	R	U	K	N	I	X	Y	L	G	G
X	Q	P	A	F	L	O	W	H	N	P	U	R	O	M
T	Q	W	F	F	G	Y	F	G	D	C	D	B	R	F
N	N	X	T	H	E	W	Ö	L	D	G	J	W	I	T
Z	X	R	K	Q	I	L	W	P	B	T	H	T	L	T
Q	I	E	A	O	T	P	E	Z	T	A	K	G	L	C
H	S	E	H	M	J	B	R	L	H	U	N	D	A	L
H	Z	U	G	S	F	O	I	E	F	F	A	R	I	G
A	F	F	E	E	Z	G	T	S	T	I	E	R	F	J
K	A	M	E	L	Z	G	J	E	T	T	X	T	K	H
W	G	F	F	Q	G	N	I	V	I	Z	H	H	O	L

AFFE
BIBER
KOJOTE
DELFIN
ESEL
ZIEGE
GIRAFFE
GORILLA
HUND
KAMEL
KÄNGURU
KATZE
HASE
LÖWE
ELEFANT
PFERD
STIER
FUCHS
WAL
WOLF

68 - Overheid

J	U	S	T	I	Z	I	E	L	L	T	G	R	O	Y
U	I	T	I	E	K	G	I	T	H	C	E	R	E	G
F	R	E	I	H	E	I	T	Z	X	N	I	I	M	L
N	A	T	I	O	N	A	L	O	B	M	Y	S	D	E
V	E	R	F	A	S	S	U	N	G	E	T	I	H	I
I	H	H	Z	D	I	S	K	U	S	S	I	O	N	C
R	E	I	T	A	R	K	O	M	E	D	Q	H	H	H
F	R	I	E	D	L	I	C	H	E	V	L	S	Z	H
Y	R	H	S	N	P	D	R	C	Z	I	V	I	L	E
R	E	D	E	L	O	M	E	E	N	B	N	F	Y	I
E	K	G	G	E	L	R	V	N	C	F	O	R	M	T
R	F	C	W	Y	I	Q	E	S	K	H	I	G	J	A
H	J	O	Z	U	T	B	O	G	H	M	T	R	X	A
Ü	R	F	J	B	I	X	M	W	U	T	A	E	L	T
F	C	O	L	D	K	R	I	Z	E	B	N	L	P	S

ZIVIL
DEMOKRATIE
DISKUSSION
GLEICHHEIT
JUSTIZIELL
GERECHTIGKEIT
VERFASSUNG
FÜHRER
DENKMAL
NATION
NATIONAL
POLITIK
RECHTE
FRIEDLICH
STAAT
SYMBOL
REDE
FREIHEIT
GESETZ
BEZIRK

69 - Voertuigen

V	C	F	H	K	H	V	T	E	R	H	Ä	F	U	C
I	X	A	T	U	J	N	X	A	O	T	U	A	B	N
A	C	H	X	O	B	J	Y	A	L	Q	P	X	A	E
R	D	R	K	X	R	S	Q	I	L	X	U	M	H	G
D	S	R	O	A	A	U	C	M	E	S	B	O	N	A
Q	M	A	V	T	W	B	X	H	R	H	O	T	Z	W
W	I	D	W	I	K	T	A	J	R	U	O	O	P	N
E	F	I	H	A	L	A	D	R	A	A	T	R	W	E
D	T	T	Y	U	N	P	R	A	Q	Q	U	M	L	K
F	L	U	G	Z	E	U	G	T	U	B	I	B	N	N
F	V	G	Y	X	F	J	U	E	V	F	O	U	E	A
P	B	O	O	T	I	W	Z	X	G	M	L	Y	R	R
M	Z	V	L	P	E	T	E	K	A	R	B	O	O	K
R	I	T	K	L	R	K	D	H	W	B	B	J	S	G
W	O	H	N	W	A	G	E	N	L	T	Y	P	Y	S

KRANKENWAGEN
AUTO
REIFEN
BOOT
BUS
WOHNWAGEN
FAHRRAD
HUBSCHRAUBER
U-BAHN
MOTOR
U-BOOT
RAKETE
ROLLER
TAXI
TRAKTOR
ZUG
FÄHRE
FLUGZEUG
FLOSS
LKW

70 - Geografie

K	A	R	G	W	H	K	X	G	N	D	B	T	I	S
U	A	Y	F	E	O	E	M	E	E	R	E	H	Ö	H
I	S	R	T	S	N	E	M	D	J	L	R	Y	T	Ä
I	C	D	T	T	L	N	H	I	K	C	G	T	L	Q
O	X	K	R	E	E	A	K	X	S	W	E	L	T	U
A	E	A	Q	O	S	I	N	I	C	P	H	U	Z	A
N	O	R	D	E	N	D	B	D	L	A	H	S	L	T
C	C	X	Z	Y	I	I	W	V	U	K	A	Ä	X	O
O	A	Z	Q	R	H	R	U	C	N	A	D	F	R	R
S	T	A	D	T	N	E	N	I	T	N	O	K	B	E
S	K	J	F	R	O	M	S	P	X	E	R	V	R	O
U	E	A	P	D	I	I	K	I	I	D	F	J	E	Z
L	Q	Y	U	U	G	C	M	U	Y	Ü	I	Q	I	E
F	J	N	L	O	E	N	F	U	K	S	A	L	T	A
P	O	N	I	O	R	D	K	A	T	P	N	S	E	N

ATLAS
BERG
BREITE
KONTINENT
INSEL
ÄQUATOR
HEMISPHÄRE
HÖHE
KARTE
LAND
MERIDIAN
NORDEN
OZEAN
REGION
FLUSS
STADT
WELT
WEST
MEER
SÜDEN

71 - Barbecues

L	N	Y	J	E	M	Q	T	G	D	F	F	S	Z	H
M	P	P	E	W	Y	E	X	E	H	R	D	A	W	E
M	A	O	V	A	H	I	N	M	P	U	U	L	I	I
Q	T	E	N	H	Z	G	Z	Ü	Z	C	U	A	E	N
F	N	L	E	B	A	G	P	S	K	H	E	T	B	L
R	E	S	S	E	M	J	B	E	S	T	Z	E	E	A
E	T	T	S	H	U	H	N	T	C	D	L	K	L	D
M	A	N	E	S	S	E	D	N	E	B	A	O	N	U
M	M	O	G	F	P	P	E	S	Z	L	S	F	R	N
O	O	B	A	R	M	S	F	A	M	I	L	I	E	G
S	T	Z	T	E	I	U	O	P	D	V	J	U	F	A
G	O	A	T	G	P	L	S	S	I	E	H	J	F	E
V	U	H	I	N	Z	G	L	I	S	U	K	T	E	L
L	R	U	M	U	U	G	T	X	K	E	W	Q	F	A
Q	R	H	V	H	I	S	J	R	K	J	V	A	P	C

ABENDESSEN
FAMILIE
FRUCHT
GRILL
GEMÜSE
HEISS
HUNGER
HUHN
MITTAGESSEN
MESSER
MUSIK
PFEFFER
SALATE
SOSSE
TOMATEN
ZWIEBELN
EINLADUNG
GABELN
SOMMER
SALZ

72 - Schoonheid

S	D	T	F	I	T	S	N	E	P	P	I	L	W	O
R	Y	T	L	Q	O	O	P	M	A	H	S	F	I	P
W	V	A	F	A	R	B	E	I	G	S	O	K	M	M
K	S	L	F	J	K	G	M	M	E	J	B	X	P	A
L	A	G	P	I	Z	R	R	Y	L	G	X	K	E	C
L	H	U	R	F	Y	Q	A	Z	Ö	R	E	D	R	B
Q	A	S	O	K	L	K	H	T	V	Z	E	L	N	H
K	U	R	D	M	R	D	C	D	A	N	L	Z	T	F
I	T	V	U	G	D	E	L	E	G	A	N	T	U	L
T	H	E	K	D	U	E	J	D	E	G	E	B	S	O
E	Y	J	T	S	F	X	O	A	B	E	G	P	C	C
M	Q	Q	E	Y	T	U	M	N	A	L	O	A	H	K
S	C	H	E	R	E	C	A	M	E	E	T	J	E	E
O	D	J	X	S	T	Y	L	I	S	T	O	J	G	N
K	L	L	P	N	I	L	X	U	D	G	F	H	Z	O

CHARME
KOSMETIK
ELEGANT
ELEGANZ
FOTOGEN
ANMUT
DUFT
GLATT
HAUT
FARBE
LOCKEN
LIPPENSTIFT
WIMPERNTUSCHE
ÖLE
PRODUKTE
SCHERE
SHAMPOO
SPIEGEL
STYLIST

73 - Wetenschappelijke Discip

I	M	M	U	N	O	L	O	G	I	E	Q	R	M	R
A	R	C	H	Ä	O	L	O	G	I	E	F	I	I	O
P	H	Y	S	I	O	L	O	G	I	E	J	N	N	B
M	E	T	E	O	R	O	L	O	G	I	E	B	E	O
T	H	E	R	M	O	D	Y	N	A	M	I	K	R	T
B	G	I	I	E	I	M	O	N	O	R	T	S	A	I
O	E	M	E	G	N	U	R	H	Ä	N	R	E	L	K
T	O	E	I	G	O	L	O	H	C	Y	S	P	O	T
A	L	H	M	M	O	L	W	X	X	H	Q	O	G	M
N	O	C	O	E	I	G	O	L	O	I	B	E	I	M
I	G	O	T	I	I	F	V	K	R	L	K	T	E	D
K	I	I	A	M	J	Z	U	Y	Ö	Y	B	G	W	L
I	E	B	N	E	N	E	U	R	O	L	O	G	I	E
K	I	N	A	H	C	E	M	M	A	D	C	E	I	Y
D	D	N	I	C	S	O	Z	I	O	L	O	G	I	E

ANATOMIE
ARCHÄOLOGIE
ASTRONOMIE
BIOCHEMIE
BIOLOGIE
CHEMIE
ÖKOLOGIE
PHYSIOLOGIE
GEOLOGIE
IMMUNOLOGIE
MECHANIK
METEOROLOGIE
MINERALOGIE
NEUROLOGIE
BOTANIK
PSYCHOLOGIE
ROBOTIK
SOZIOLOGIE
THERMODYNAMIK
ERNÄHRUNG

74 - Bijvoeglijke Naamwoorden

M	G	G	I	Z	L	A	S	J	G	Q	Z	L	N	I
V	G	X	E	C	A	O	A	Q	J	B	E	A	C	H
M	T	N	A	S	S	E	R	E	T	N	I	M	V	D
D	Ü	E	B	S	U	S	C	H	L	Ä	F	R	I	G
R	N	D	M	T	E	N	I	L	E	U	U	O	T	H
A	A	U	E	A	N	O	D	L	I	W	T	N	K	U
M	T	M	Y	R	O	F	Y	N	V	Z	S	I	U	N
A	Ü	S	D	K	A	O	J	F	H	T	J	D	D	G
T	R	T	F	C	W	Q	O	X	K	T	J	F	O	R
I	L	O	F	R	L	U	B	E	G	A	B	T	R	I
S	I	L	B	V	I	T	A	E	R	K	G	I	P	G
C	C	Z	W	H	C	S	I	T	N	E	H	T	U	A
H	H	L	O	I	X	E	C	P	J	K	L	W	B	W
N	D	N	E	B	I	E	R	H	C	S	E	B	D	W
R	W	F	N	N	P	Z	U	J	R	E	I	N	J	O

AUTHENTISCH
BEGABT
BESCHREIBEND
KREATIV
DRAMATISCH
GESUND
HUNGRIG
INTERESSANT
MÜDE
NATÜRLICH
NEU
NORMAL
PRODUKTIV
SCHLÄFRIG
STARK
STOLZ
FRISCH
WILD
SALZIG
REIN

75 - Kleding

S	B	N	H	N	E	Y	S	N	I	D	G	O	M	U
S	C	Y	E	T	M	X	J	M	K	L	E	I	D	W
P	Q	H	P	K	N	H	L	O	C	E	Z	K	H	A
T	N	U	L	F	V	O	F	D	O	T	R	E	J	M
K	C	H	F	A	W	S	I	E	R	R	Ü	G	Q	V
P	J	C	H	H	F	E	B	T	A	Ü	H	A	Z	O
A	A	S	E	D	U	A	M	K	G	G	C	S	K	M
E	H	P	M	C	Z	T	N	A	Z	B	S	O	U	J
C	D	Y	D	A	V	U	N	Z	N	E	K	C	O	S
H	A	L	S	K	E	T	T	E	U	T	X	A	S	W
J	A	C	K	E	B	L	U	S	E	G	E	P	C	U
Q	K	X	G	S	A	N	D	A	L	E	N	L	H	V
H	A	N	D	S	C	H	U	H	E	J	W	B	A	X
A	R	M	B	A	N	D	Z	I	U	P	E	T	L	W
B	X	K	M	P	U	L	L	O	V	E	R	R	V	J

ARMBAND
BLUSE
HOSE
HANDSCHUHE
HUT
MANTEL
JACKE
KLEID
HALSKETTE
MODE

SCHLAFANZUG
GÜRTEL
ROCK
SANDALEN
SCHUH
SCHÜRZE
HEMD
SCHAL
SOCKEN
PULLOVER

76 - Vliegtuigen

R	A	L	A	N	D	U	N	G	B	X	I	I	S	A
A	I	B	G	T	U	R	B	U	L	E	N	Z	C	A
B	B	C	S	W	A	S	S	E	R	S	T	O	F	F
R	A	E	H	T	G	E	S	C	H	I	C	H	T	E
E	T	S	N	T	I	D	E	S	I	G	N	F	O	H
N	M	F	E	T	U	E	B	A	L	L	O	N	L	Ö
N	O	Z	R	F	E	N	G	L	L	E	M	M	I	H
S	S	P	E	U	S	U	G	V	E	S	Y	K	P	E
T	P	W	I	L	B	R	E	I	G	A	S	S	A	P
O	H	G	G	D	H	O	D	R	N	Z	D	A	B	D
F	Ä	U	I	X	N	T	K	H	P	J	W	H	R	S
F	R	B	V	K	V	O	H	J	P	V	K	Z	O	E
A	E	T	A	W	Z	M	Y	N	A	J	P	U	K	I
J	S	Y	N	C	R	E	W	U	R	I	J	C	G	P
K	O	N	S	T	R	U	K	T	I	O	N	I	U	H

ABSTIEG
ATMOSPHÄRE
ABENTEUER
BALLON
CREW
KONSTRUKTION
BRENNSTOFF
GESCHICHTE
HIMMEL
HÖHE
LANDUNG
LUFT
MOTOR
NAVIGIEREN
DESIGN
PASSAGIER
PILOT
RICHTUNG
TURBULENZ
WASSERSTOFF

77 - Herbalisme

L	A	V	E	N	D	E	L	M	X	Q	W	B	U	Z
M	G	O	N	A	G	E	R	O	A	E	Z	A	V	T
Z	Q	D	O	A	R	C	D	I	F	J	M	P	G	Y
Z	K	U	G	G	R	K	E	E	S	E	O	I	S	B
U	N	K	A	G	H	O	D	I	L	L	U	R	N	D
T	O	U	R	L	E	F	M	Y	C	F	N	U	A	J
A	B	L	T	Y	I	O	Q	A	O	H	H	F	I	N
T	L	I	S	K	L	T	O	L	T	S	U	S	M	A
F	A	N	E	B	I	E	Ä	O	G	I	Y	B	Y	R
E	U	A	M	W	S	A	M	T	R	G	S	Z	H	F
N	C	R	U	W	R	D	I	W	Ü	N	W	C	T	A
C	H	I	L	Y	E	A	X	H	N	O	Q	J	H	S
H	T	S	B	Y	T	G	E	S	C	H	M	A	C	K
E	W	C	Y	N	E	T	R	A	G	L	T	I	C	W
L	T	H	Q	X	P	R	O	S	M	A	R	I	N	E

AROMATISCH
BLUME
KULINARISCH
DILL
ESTRAGON
GRÜN
ZUTAT
KNOBLAUCH
QUALITÄT
LAVENDEL
MAJORAN
OREGANO
PETERSILIE
ROSMARIN
SAFRAN
GESCHMACK
THYMIAN
GARTEN
FENCHEL

78 - Rijden

T	R	M	K	J	Y	V	X	V	N	V	M	G	B	R
R	C	O	H	A	J	V	F	R	L	N	P	D	A	G
A	I	T	W	N	R	K	V	I	L	B	D	Z	G	S
N	S	O	T	U	A	T	E	S	B	X	Q	I	H	U
S	I	R	P	M	L	F	E	D	F	C	J	Q	P	B
P	C	R	O	U	R	E	G	N	Ä	G	S	S	U	F
O	H	A	L	S	X	L	A	R	U	U	Z	W	I	F
R	E	D	I	T	H	I	R	V	N	J	F	Q	C	O
T	R	N	Z	R	S	Z	A	R	F	K	K	J	C	T
C	H	G	E	A	Q	E	G	O	A	Z	M	S	K	S
V	E	O	I	S	Z	N	X	T	L	C	O	C	F	N
Q	I	X	M	S	M	Z	B	Y	L	D	T	R	I	N
D	T	I	M	E	H	E	L	K	W	K	O	X	Z	E
G	E	F	A	H	R	H	R	H	E	K	R	E	V	R
T	U	N	N	E	L	B	G	B	S	W	X	S	Z	B

AUTO
BRENNSTOFF
BUS
GARAGE
GAS
GEFAHR
KARTE
LIZENZ
MOTOR
MOTORRAD
UNFALL
POLIZEI
BREMSEN
STRASSE
TUNNEL
SICHERHEIT
VERKEHR
TRANSPORT
FUSSGÄNGER
LKW

79 - Sporten

Q	T	R	O	P	S	E	D	K	N	O	C	H	E	N
K	R	L	E	R	Y	R	I	S	K	M	U	D	K	E
P	A	V	Q	O	W	N	Ä	C	R	A	L	N	R	G
X	I	J	N	G	A	Ä	T	H	A	X	H	G	Ä	G
L	N	C	F	R	A	H	D	W	D	I	X	A	T	O
E	E	M	S	A	B	R	Z	I	F	M	G	Z	S	J
I	R	K	W	M	O	U	Q	M	A	I	S	H	L	M
Z	E	C	S	M	G	N	Z	M	H	E	C	D	I	O
H	L	D	Z	U	W	G	C	E	R	R	N	F	I	K
J	O	Y	B	Y	M	Y	F	N	E	E	J	U	Q	A
A	T	H	L	E	T	G	P	I	N	N	B	B	M	I
G	E	S	U	N	D	H	E	I	T	F	E	B	Q	W
O	L	K	Ö	R	P	E	R	T	T	A	N	Z	E	N
M	E	T	A	B	O	L	I	S	C	H	K	A	U	V
Z	S	F	L	J	A	P	A	T	M	E	N	S	M	Z

ATMEN
ATHLET
KNOCHEN
TANZEN
DIÄT
ZIEL
RADFAHREN
GESUNDHEIT
JOGGEN
STÄRKE
KÖRPER
MAXIMIEREN
METABOLISCH
PROGRAMM
MUSKEL
SPORT
TRAINER
ERNÄHRUNG
SCHWIMMEN

80 - Wetenschap

N	O	I	T	U	L	O	V	E	E	I	N	H	M	H
F	A	O	A	E	M	T	P	N	G	N	M	X	E	E
L	D	T	J	L	E	P	D	E	E	M	V	D	T	H
J	A	J	U	E	S	H	U	I	R	L	L	W	H	P
H	M	B	M	R	E	Y	C	L	H	E	D	B	O	F
U	I	Q	O	H	H	S	N	A	Y	K	S	H	D	L
D	L	J	T	R	T	I	Q	R	S	I	D	G	E	A
T	K	C	A	H	O	K	U	E	Y	T	P	A	X	N
V	Y	Q	K	H	P	U	F	N	W	R	A	L	O	Z
D	S	O	T	F	Y	W	I	I	M	A	W	T	B	E
U	E	F	D	T	H	R	N	M	Z	P	J	Y	B	N
M	O	L	E	K	Ü	L	E	G	H	J	S	S	Q	S
H	G	B	X	V	N	F	O	S	S	I	L	M	T	J
C	H	E	M	I	S	C	H	D	A	T	E	N	Q	N
X	O	R	G	A	N	I	S	M	U	S	R	D	L	C

ATOM
CHEMISCH
PARTIKEL
EVOLUTION
TATSACHE
FOSSIL
DATEN
HYPOTHESE
KLIMA
LABOR
METHODE
MINERALIEN
MOLEKÜLE
NATUR
PHYSIK
ORGANISMUS
PFLANZEN

81 - Natuurkunde

M	M	S	A	C	B	Y	R	O	T	O	M	R	Y	A
J	O	Z	W	C	S	O	E	A	L	Z	V	L	S	T
M	E	L	S	U	M	S	I	T	E	N	G	A	M	O
E	L	E	E	F	E	G	B	N	K	E	S	S	A	M
C	E	M	T	K	A	J	U	E	I	U	O	R	R	I
H	K	R	H	H	Ü	T	N	M	T	Q	A	E	E	Y
A	T	O	C	R	G	L	G	I	R	E	H	V	L	E
N	R	F	I	S	K	U	P	R	A	R	C	I	A	X
I	O	E	D	A	E	N	W	E	P	F	F	N	T	P
K	N	T	A	V	X	P	Y	P	X	F	L	U	I	A
J	I	J	W	B	E	Z	C	X	E	O	N	T	V	N
C	H	E	M	I	S	C	H	E	G	F	R	T	I	S
P	B	B	R	W	S	K	H	Z	A	W	B	Z	T	I
C	I	O	V	B	M	G	S	C	S	J	P	B	Ä	O
S	C	H	W	E	R	K	R	A	F	T	J	A	T	N

ATOM
CHAOS
CHEMISCH
PARTIKEL
DICHTE
ELEKTRON
EXPERIMENT
FORMEL
FREQUENZ
GAS
MAGNETISMUS
MASSE
MECHANIK
MOLEKÜL
MOTOR
RELATIVITÄT
EXPANSION
UNIVERSAL
REIBUNG
SCHWERKRAFT

82 - Muziekinstrumenten

T	M	V	M	O	R	C	N	B	B	E	L	X	P	E
V	Q	A	T	W	Y	H	O	A	A	E	F	R	A	H
M	M	B	R	I	K	D	H	K	I	N	L	T	T	D
K	U	E	G	I	E	G	P	G	C	I	J	T	R	Q
J	G	N	O	G	M	E	O	I	O	L	A	O	O	R
J	U	U	D	U	G	B	X	X	K	O	K	G	M	K
Z	E	A	C	H	R	P	A	T	Y	D	G	A	P	L
Q	Z	S	S	G	A	S	S	N	Q	N	I	F	E	A
I	G	O	O	N	I	R	U	B	M	A	T	E	T	R
G	A	P	H	O	K	G	M	V	D	M	A	P	E	I
S	L	W	F	B	U	W	E	O	J	Z	R	X	F	N
F	H	K	Q	O	L	L	E	C	N	N	R	F	L	E
H	C	M	R	E	I	V	A	L	K	I	E	U	Ö	T
T	S	T	R	O	M	M	E	L	Z	L	K	U	T	T
V	T	I	Z	R	K	R	X	P	O	F	G	A	E	E

BANJO
CELLO
FAGOTT
FLÖTE
GITARRE
GONG
HARFE
OBOE
KLARINETTE
MANDOLINE
MARIMBA
MUNDHARMONIKA
SCHLAGZEUG
KLAVIER
SAXOPHON
TAMBURIN
POSAUNE
TROMMEL
TROMPETE
GEIGE

83 - Antiek

V	I	Y	Y	E	S	I	E	R	P	G	D	Q	N	J
E	E	N	S	U	N	T	S	N	U	K	O	A	E	A
R	L	E	V	T	Ä	T	I	L	A	U	Q	L	L	H
S	E	Z	I	E	D	E	H	L	W	U	E	T	W	R
T	G	N	T	D	S	F	Q	U	M	Ö	B	E	L	H
E	A	Ü	A	L	U	T	J	S	S	N	N	H	G	U
I	N	M	R	Ä	X	R	I	E	W	I	A	H	Q	N
G	T	V	O	M	C	I	J	T	S	A	A	R	A	D
E	Q	W	K	E	H	O	T	Q	I	O	N	S	R	E
R	E	H	E	G	M	T	R	B	B	O	N	U	T	R
U	A	A	D	G	A	L	E	R	I	E	N	U	Z	T
N	I	I	U	N	G	E	W	Ö	H	N	L	I	C	H
G	S	K	U	L	P	T	U	R	W	Z	F	W	M	O
S	A	M	M	L	E	R	R	S	I	J	R	L	J	F
S	J	H	F	A	U	T	H	E	N	T	I	S	C	H

AUTHENTISCH
SKULPTUR
DEKORATIV
JAHRHUNDERT
ELEGANT
GALERIE
INVESTITION
KUNST
QUALITÄT
ENTHUSIAST
MÖBEL
MÜNZEN
UNGEWÖHNLICH
ALT
PREIS
GEMÄLDE
STIL
VERSTEIGERUNG
SAMMLER
WERT

84 - Activiteiten en Vrije Ti

E	W	D	V	U	Y	B	K	H	C	J	W	B	R	I
N	A	X	J	O	J	A	P	U	X	P	U	O	E	R
T	N	Y	G	I	Z	S	I	N	N	E	T	X	N	E
S	D	W	L	Q	Y	K	P	C	M	S	E	E	N	I
P	E	F	E	R	N	E	F	R	U	S	T	N	E	S
A	R	J	K	H	Q	T	O	O	C	I	H	V	N	E
N	N	W	E	D	K	B	Y	P	C	Z	Y	O	E	D
N	P	U	P	L	L	A	B	S	S	U	F	L	H	L
E	X	G	V	Y	S	L	S	Q	E	Z	A	L	C	Ä
N	L	N	O	P	M	L	R	G	D	I	W	E	U	M
D	S	I	X	L	L	A	B	E	S	A	B	Y	A	E
B	T	P	W	C	F	E	S	N	J	X	A	B	T	G
Q	A	M	F	R	U	F	V	X	X	D	G	A	O	X
O	B	A	I	I	A	N	G	E	L	N	E	L	V	H
M	H	C	S	C	H	W	I	M	M	E	N	L	C	O

BASKETBALL
BOXEN
TAUCHEN
GOLF
ANGELN
HOBBIES
BASEBALL
CAMPING
KUNST
ENTSPANNEND
RENNEN
REISE
GEMÄLDE
SURFEN
TENNIS
FUSSBALL
VOLLEYBALL
WANDERN
SCHWIMMEN

85 - Water

S	I	E	E	N	H	C	S	M	E	Y	L	F	N	H
N	E	L	L	E	W	J	P	E	J	Z	Q	R	O	U
T	I	E	K	G	I	T	H	C	U	E	F	O	U	R
L	F	O	H	X	K	X	B	T	X	X	N	S	D	R
X	G	B	I	A	V	D	N	R	R	M	Z	T	G	I
X	T	I	H	J	I	D	F	W	A	I	I	W	Y	K
N	A	E	Z	O	Y	A	E	K	B	Y	S	K	E	A
D	U	S	C	H	E	M	U	F	K	T	Z	Y	V	N
L	A	S	C	U	X	P	C	L	N	Y	F	S	E	E
D	L	A	N	A	K	F	H	U	I	G	L	B	B	G
P	T	U	T	O	P	A	T	T	R	Q	U	W	I	E
P	W	V	C	Q	M	Q	Z	D	T	V	S	Y	W	R
V	E	R	D	U	N	S	T	U	N	G	S	S	X	N
B	E	W	Ä	S	S	E	R	U	N	G	D	Z	I	P
C	C	A	T	W	Q	N	R	J	G	Y	H	K	R	G

DUSCHE
TRINKBAR
GEYSIR
WELLEN
EIS
BEWÄSSERUNG
KANAL
SEE
MONSUN
OZEAN
HURRIKAN
FLUT
REGEN
FLUSS
SCHNEE
DAMPF
VERDUNSTUNG
FEUCHT
FEUCHTIGKEIT
FROST

86 - Koffie

V	E	I	X	V	G	J	P	Z	P	A	M	O	R	A
I	F	P	S	N	E	L	H	A	M	L	O	I	E	Q
E	U	N	A	U	R	E	U	A	S	H	R	E	K	C
L	R	G	M	P	Ö	G	I	I	R	B	G	R	C	F
F	S	G	L	L	S	C	R	E	M	E	E	S	U	L
A	P	R	X	I	T	Z	W	V	V	Z	N	V	Z	Ü
L	R	V	X	L	E	K	O	F	F	E	I	N	R	S
T	U	N	P	L	T	C	W	B	T	A	S	S	E	S
N	N	S	U	G	G	A	I	A	I	V	V	J	T	I
O	G	A	D	B	U	M	B	O	S	T	D	T	L	G
M	X	Z	R	A	W	H	C	S	S	S	T	T	I	K
C	I	U	J	O	M	C	B	C	K	I	E	E	F	E
Z	J	L	B	F	X	S	E	F	B	E	C	R	R	I
V	R	P	C	D	N	E	G	E	T	R	Ä	N	K	T
X	W	E	G	H	J	G	Z	H	V	P	E	Z	S	R

AROMA
TASSE
BITTER
KOFFEIN
GETRÄNK
FILTER
GERÖSTET
MAHLEN
MILCH
MORGEN
URSPRUNG
PREIS
CREME
GESCHMACK
ZUCKER
VIELFALT
FLÜSSIGKEIT
WASSER
SAUER
SCHWARZ

87 - Schaken

V	E	D	N	R	J	I	W	E	N	K	Y	L	G	I
G	E	G	N	E	R	N	E	X	W	L	K	L	U	G
O	P	F	E	R	S	I	I	R	E	L	E	I	P	S
F	W	K	N	T	M	G	S	D	T	X	G	G	Q	B
E	Q	V	R	I	K	I	S	I	T	S	O	J	E	Z
U	I	R	E	E	F	N	B	K	B	P	L	S	B	R
I	U	D	L	Z	D	Ö	U	D	E	I	O	V	E	A
P	A	S	S	I	V	K	N	P	W	E	D	R	O	W
S	T	R	A	T	E	G	I	E	E	L	I	J	V	H
H	F	N	B	R	Y	F	I	O	R	S	A	Q	X	C
C	G	Z	X	M	I	L	P	N	B	T	G	P	T	S
I	C	H	P	M	M	O	F	H	Ö	Q	O	Q	E	R
U	T	U	R	N	I	E	R	L	A	K	N	U	S	W
M	R	U	B	R	N	N	O	I	P	M	A	H	C	T
P	C	C	X	M	W	F	L	W	I	T	L	C	H	S

DIAGONAL
CHAMPION
KÖNIG
KÖNIGIN
LERNEN
OPFER
PASSIV
PUNKTE
REGELN
KLUG

SPIEL
SPIELER
STRATEGIE
GEGNER
ZEIT
TURNIER
WETTBEWERB
WEISS
SCHWARZ

88 - Boerderij #1

V	E	W	H	B	O	L	W	L	X	O	M	K	D	Z
J	A	U	W	N	X	V	F	P	C	B	D	R	Ü	B
Q	P	N	I	G	U	O	Y	I	P	Q	N	Ä	N	V
R	C	H	K	U	I	J	G	B	S	H	I	H	G	Z
N	V	I	A	X	J	J	W	R	X	U	E	E	E	M
Q	Q	Q	T	O	E	P	E	E	H	K	W	R	R	E
L	X	W	Z	R	N	S	H	I	O	D	H	E	D	S
L	F	D	E	O	E	P	E	S	N	I	C	S	N	E
G	E	Y	V	L	I	Y	G	L	I	I	S	S	U	Q
R	W	H	V	M	B	A	E	Q	G	V	R	A	H	H
F	G	I	H	P	L	R	I	A	I	W	U	W	O	L
A	E	I	N	E	A	W	Z	N	H	U	H	F	O	K
J	Q	L	G	N	K	E	K	U	E	I	T	N	Z	H
S	G	G	D	R	E	F	P	A	U	A	I	V	R	T
Q	X	A	J	N	U	Z	E	Z	S	G	S	A	A	T

BIENE
ESEL
ZIEGE
ZAUN
HUND
HONIG
HEU
KALB
KATZE
HUHN
KUH
KRÄHE
HERDE
DÜNGER
PFERD
REIS
SCHWEIN
FELD
WASSER
SAAT

89 - Huis

T	E	P	P	I	C	H	K	I	G	N	Q	Z	C	W
S	C	H	O	R	N	S	T	E	I	N	W	X	I	G
A	C	B	V	E	U	I	G	G	R	E	Q	K	Q	K
A	K	N	W	M	A	S	R	A	L	S	C	H	Y	J
I	B	S	V	M	Z	X	R	R	V	E	U	E	F	U
K	A	B	L	I	J	O	O	A	F	B	O	F	T	K
D	G	P	H	Z	H	U	M	G	V	D	R	Z	C	T
U	N	A	O	F	Z	I	M	M	E	R	Q	E	A	T
S	G	A	J	A	R	O	V	R	Z	A	P	Y	K	Ü
C	A	S	W	L	K	N	D	E	K	Ü	C	H	E	R
H	R	D	B	H	B	I	B	L	I	O	T	H	E	K
E	T	E	E	C	D	M	Y	L	E	G	E	I	P	S
K	E	C	W	S	P	A	X	E	M	B	B	L	M	N
M	N	K	V	I	S	K	C	K	J	D	Ö	O	A	N
L	K	E	F	H	Z	L	F	H	Q	M	G	M	L	D

BESEN
BIBLIOTHEK
DACH
TÜR
DUSCHE
GARAGE
KAMIN
ZAUN
ZIMMER
KELLER
KÜCHE
LAMPE
MÖBEL
WAND
DECKE
SCHORNSTEIN
SCHLAFZIMMER
SPIEGEL
TEPPICH
GARTEN

90 - Geometrie

B	S	I	D	D	I	M	E	N	S	I	O	N	O	P
A	E	Y	X	U	H	W	H	A	U	Q	S	I	B	A
G	I	R	M	H	R	Y	Ö	I	O	F	E	O	E	P
D	T	N	E	M	U	C	H	D	C	O	G	J	R	G
P	H	H	U	C	E	P	H	E	K	U	M	J	F	N
V	E	M	B	D	H	T	C	M	Z	R	E	K	L	G
P	O	A	D	U	P	N	R	S	E	B	N	T	Ä	L
A	R	S	I	E	R	K	U	I	R	S	T	H	C	E
R	I	S	D	J	Z	C	C	N	E	L	S	C	H	I
A	E	E	T	P	G	E	U	T	G	O	Y	E	E	C
L	E	K	N	I	W	I	W	V	O	G	G	R	R	H
L	A	K	I	T	R	E	V	T	Q	I	D	K	K	U
E	V	R	U	K	Z	R	L	J	O	K	V	N	B	N
L	S	T	J	S	S	D	Q	Y	X	A	F	E	U	G
H	O	R	I	Z	O	N	T	A	L	J	V	S	K	Q

BERECHNUNG
KREIS
KURVE
DURCHMESSER
DIMENSION
DREIECK
WINKEL
HÖHE
HORIZONTAL
LOGIK
SENKRECHT
MASSE
MEDIAN
OBERFLÄCHE
PARALLEL
SEGMENT
SYMMETRIE
THEORIE
GLEICHUNG
VERTIKAL

91 - Jazz

R	H	Y	T	H	M	U	S	K	J	S	K	F	L	T
T	T	S	K	T	P	H	Q	Z	Z	M	N	A	I	U
T	A	L	E	N	T	M	H	Ü	R	E	B	V	E	D
O	X	G	V	Q	I	C	G	O	U	K	A	O	D	O
K	Ü	N	S	T	L	E	R	S	T	I	L	R	E	R
C	R	U	U	E	N	H	R	J	P	C	T	I	I	C
O	H	N	A	F	R	T	T	N	N	X	E	T	N	H
I	I	O	L	N	A	S	J	V	E	M	C	E	F	E
M	P	T	P	N	Y	I	O	J	X	G	H	N	L	S
M	U	E	P	K	O	N	Z	E	R	T	N	F	Ü	T
R	U	B	A	J	W	O	U	R	U	A	I	X	S	E
J	Q	S	L	V	T	P	V	D	S	W	K	M	S	R
Z	L	M	I	A	J	M	A	X	G	H	E	B	E	D
F	O	V	A	K	Z	O	G	K	J	A	L	T	I	F
U	W	X	M	P	N	K	F	W	A	L	H	U	D	I

ALBUM
APPLAUS
KÜNSTLER
BERÜHMT
KOMPONIST
KONZERT
FAVORITEN
GENRE
EINFLÜSSE
LIED
MUSIK
BETONUNG
NEU
ORCHESTER
ALT
RHYTHMUS
STIL
TALENT
TECHNIK

92 - Getallen

S	N	I	E	Y	S	F	N	Ü	F	H	N	O	Z	V
E	W	E	N	G	I	Ü	H	S	I	E	B	E	N	I
C	J	G	O	L	E	N	E	G	E	E	H	B	H	E
H	S	Z	A	T	B	F	Z	U	W	C	R	Z	E	R
Z	S	E	N	J	Z	Z	T	E	Z	H	S	D	Z	G
E	R	E	C	G	E	E	H	M	G	Z	I	W	I	D
H	K	R	C	G	H	H	C	L	I	L	Z	M	E	H
N	C	T	N	H	N	N	A	N	L	V	E	G	R	C
D	P	F	C	L	S	P	W	H	A	G	H	I	D	I
N	A	P	S	F	D	Q	U	G	I	Z	N	A	W	Z
M	H	M	N	E	U	N	Z	E	H	N	A	C	H	T
Z	W	Ö	L	F	X	T	V	C	U	N	A	X	K	A
A	S	I	M	L	V	I	E	R	Z	E	H	N	L	I
W	D	H	L	B	U	Z	T	G	C	B	H	E	J	V
B	Q	K	A	Q	I	N	Z	N	E	U	N	T	V	G

ACHT
ACHTZEHN
DREIZEHN
DREI
EINS
NEUN
NEUNZEHN
NULL
ZEHN
ZWÖLF
ZWEI
ZWANZIG
VIERZEHN
VIER
FÜNF
FÜNFZEHN
SECHS
SECHZEHN
SIEBEN
SIEBZEHN

93 - Boksen

J	R	K	B	Y	D	T	B	Z	Z	S	S	H	V	A
D	E	D	Ä	R	P	S	X	U	U	V	J	A	E	C
L	C	L	Y	M	R	U	P	S	J	N	R	N	R	G
E	O	W	E	Y	P	A	C	O	B	X	W	D	L	L
T	V	Y	L	M	W	F	G	V	C	L	R	S	E	O
I	E	A	L	O	L	L	E	N	H	C	S	C	T	C
E	R	S	B	O	T	Q	T	R	H	S	T	H	Z	K
K	Y	K	O	B	P	J	F	E	Z	I	Ä	U	U	E
G	L	T	G	K	Ö	R	P	E	R	V	R	H	N	C
I	E	P	E	B	R	Q	Ö	T	K	O	K	E	G	A
H	F	G	N	H	Y	S	H	K	C	C	E	K	E	F
Ä	Z	G	N	Z	A	E	C	N	I	P	E	I	N	C
F	B	G	E	E	T	I	S	U	K	O	F	N	V	D
R	K	P	O	I	R	L	R	P	V	M	A	Q	P	D
O	K	I	N	N	L	E	E	T	O	C	N	D	L	V

ELLBOGEN
FOKUS
HANDSCHUHE
RECOVERY
ECKE
KINN
GLOCKE
STÄRKE
KÖRPER
PUNKTE
KICK
SCHNELL
GEGNER
SEILE
ERSCHÖPFT
FÄHIGKEIT
KÄMPFER
VERLETZUNGEN
FAUST

94 - Boerderij #2

E	L	N	X	Q	S	J	G	I	C	D	L	K	Q	P
L	O	F	Y	F	C	F	T	H	K	S	I	A	M	P
H	P	I	R	I	H	R	V	U	T	C	T	G	M	U
Ü	T	K	X	O	A	U	U	C	Q	H	Q	E	C	A
M	S	C	Q	Y	F	C	Z	O	M	E	C	R	B	B
D	L	O	U	Y	H	H	N	N	A	U	S	S	A	E
N	E	T	R	A	G	T	S	B	O	N	W	T	U	W
I	T	S	S	S	F	F	E	F	W	E	E	E	E	Ä
W	N	N	J	M	C	P	A	U	S	S	I	V	R	S
W	E	E	E	H	P	H	X	Y	S	Ü	Z	R	O	S
D	I	N	T	X	B	X	Ä	M	U	M	E	L	T	E
H	E	E	H	C	L	I	M	F	W	E	N	P	K	R
K	P	I	S	F	A	W	N	L	E	G	I	E	A	U
J	D	B	H	E	M	G	X	U	K	R	T	X	R	N
S	B	G	H	L	M	X	T	I	E	R	E	L	T	G

BIENENSTOCK
BAUER
OBSTGARTEN
TIERE
ENTE
FRUCHT
GERSTE
GEMÜSE
SCHÄFER
BEWÄSSERUNG
LAMM
LAMA
MAIS
MILCH
SCHAF
SCHEUNE
WEIZEN
TRAKTOR
WIESE
WINDMÜHLE

95 - Psychologie

K	E	M	U	Ä	R	T	K	S	O	Q	N	C	X	F
L	Y	R	U	R	X	U	E	O	F	A	F	S	Z	W
I	P	B	I	W	Z	I	P	M	N	I	M	R	E	T
N	R	E	V	N	T	F	D	F	Y	F	Z	Q	J	Y
I	O	W	E	O	N	N	R	E	Z	I	L	C	J	V
S	B	E	R	I	N	E	Z	M	E	X	A	I	K	X
C	L	R	H	T	F	K	R	V	B	N	W	G	K	B
H	E	T	A	A	Y	N	M	U	X	F	T	G	P	T
X	M	U	L	S	E	A	N	Q	N	E	Y	B	O	E
C	N	N	T	N	E	D	H	V	D	G	N	A	O	F
Z	C	G	E	E	G	E	G	C	H	T	E	V	A	V
F	D	L	N	S	O	G	O	A	J	L	P	N	X	K
B	E	W	U	S	S	T	L	O	S	M	E	K	P	Z
Z	Q	R	T	C	T	S	K	I	N	D	H	E	I	T
C	Z	Q	H	I	X	K	O	G	N	I	T	I	O	N

TERMIN
BEWERTUNG
BEWUSSTLOS
KOGNITION
KONFLIKT
TRÄUME
EGO
GEDANKEN
VERHALTEN
SENSATION
ERINNERUNGEN
IDEEN
KINDHEIT
KLINISCH
PROBLEM

96 - Elektriciteit

I	O	B	A	T	T	E	R	I	E	A	W	M	S	A
P	B	G	E	N	E	R	A	T	O	R	P	E	X	X
P	J	A	U	S	R	Ü	S	T	U	N	G	N	O	U
N	E	O	D	Z	V	C	U	X	G	Z	E	G	W	Q
D	K	K	R	E	W	Z	T	E	N	Z	Q	E	L	T
N	T	N	Ä	P	K	P	J	V	U	L	H	N	P	J
S	E	E	H	M	H	C	S	I	R	T	K	E	L	E
A	T	H	T	A	R	O	Z	T	E	L	A	S	E	R
U	E	E	E	L	D	F	Y	A	G	J	V	E	B	Q
V	M	S	C	N	T	E	N	G	A	M	I	G	A	A
U	Z	N	K	K	N	O	F	E	L	E	T	K	K	M
A	D	R	C	U	D	F	Q	N	D	A	I	H	C	I
N	V	E	T	G	A	O	F	P	M	F	S	E	I	I
I	V	F	B	Y	R	L	S	K	Y	C	O	B	B	R
B	R	E	K	I	R	T	K	E	L	E	P	C	A	U

BATTERIE
AUSRÜSTUNG
DRÄHTE
ELEKTRIKER
ELEKTRISCH
GENERATOR
MENGE
KABEL
LAMPE
LASER
MAGNET
NEGATIV
NETZWERK
OBJEKTE
LAGERUNG
POSITIV
STECKDOSE
TELEFON
FERNSEHEN

97 - Zakelijk

R	H	R	C	S	D	F	P	W	Y	Y	W	K	Y	F
E	T	D	W	P	T	T	A	B	A	R	Ä	E	T	I
T	E	G	D	U	B	E	E	X	P	N	H	I	G	N
I	R	F	I	R	M	A	U	W	X	I	R	N	E	V
E	E	A	L	Z	N	B	M	E	S	P	U	K	S	E
B	I	R	N	G	E	L	D	O	R	W	N	O	C	S
R	R	J	M	S	Y	F	Q	H	E	N	G	M	H	T
A	R	E	F	U	A	K	R	E	V	E	C	M	Ä	I
T	A	F	X	L	V	K	A	L	V	T	K	E	F	T
I	K	V	D	I	F	P	T	X	U	S	I	N	T	I
M	G	E	W	I	N	N	T	I	I	O	R	Ü	B	O
R	Y	Y	H	P	B	E	G	N	O	K	B	F	R	N
N	C	R	C	N	E	R	E	I	Z	N	A	N	I	F
A	R	B	E	I	T	G	E	B	E	R	F	F	X	O
K	C	A	M	N	W	I	R	T	S	C	H	A	F	T

FIRMA
BUDGET
STEUERN
KARRIERE
WIRTSCHAFT
FABRIK
FINANZIEREN
GELD
EINKOMMEN
INVESTITION
BÜRO
RABATT
KOSTEN
TRANSAKTION
WÄHRUNG
VERKAUF
ARBEITGEBER
MITARBEITER
GESCHÄFT
GEWINN

98 - Voeding

T	W	U	M	L	G	K	A	L	O	R	I	E	N	F
Ä	O	K	T	B	E	B	S	O	S	S	E	Y	K	E
I	V	X	I	C	S	T	I	T	E	P	P	A	O	R
D	I	L	I	H	C	G	M	T	E	A	C	Q	H	M
R	T	J	E	N	H	Q	O	E	T	U	T	U	L	E
G	A	H	P	K	M	T	E	P	S	E	H	A	E	N
F	M	V	L	K	A	A	I	F	K	J	R	L	N	T
P	I	H	S	Q	C	S	U	H	K	W	A	I	H	A
U	N	C	Z	M	K	V	H	E	D	D	B	T	Y	T
A	U	S	G	E	W	O	G	E	N	Z	S	Ä	D	I
G	E	W	I	C	H	T	O	F	U	A	S	T	R	O
N	Ä	H	R	S	T	O	F	F	S	B	E	P	A	N
A	H	G	M	E	P	R	O	T	E	I	N	E	T	V
E	V	E	R	D	A	U	U	N	G	H	L	X	E	H
F	L	Ü	S	S	I	G	K	E	I	T	E	N	I	X

BITTER
KALORIEN
DIÄT
ESSBAR
APPETIT
PROTEINE
AUSGEWOGEN
FERMENTATION
GEWICHT
GESUND
KOHLENHYDRATE
QUALITÄT
SOSSE
GESCHMACK
VERDAUUNG
TOXIN
VITAMIN
FLÜSSIGKEITEN
NÄHRSTOFF

99 - Chemie

F	F	O	T	S	R	E	S	S	A	W	A	Y	G	A
V	Z	L	A	S	C	K	G	M	I	D	L	Z	R	T
T	N	U	Ü	U	J	L	C	N	N	T	K	I	Y	O
R	O	T	A	S	Y	L	A	T	A	K	A	M	U	X
O	R	R	K	K	S	Y	A	N	M	E	L	G	U	P
L	T	Z	E	J	M	I	H	Z	Y	B	I	E	N	T
H	K	Z	U	V	H	D	G	B	Z	H	S	W	G	E
C	E	L	L	A	T	E	M	K	N	C	C	I	A	M
Q	L	Ü	K	E	L	O	M	S	E	S	H	C	S	P
H	E	R	E	A	K	T	I	O	N	I	H	H	A	E
S	I	J	M	T	H	Y	R	E	B	N	T	T	K	R
S	Ä	T	R	E	I	W	H	A	N	A	E	T	G	A
K	H	U	Z	H	O	N	S	I	H	G	E	M	B	T
P	T	N	R	E	N	G	P	U	G	R	C	D	O	U
G	J	F	G	E	V	F	Y	J	R	O	H	Z	N	R

ALKALISCH
CHLOR
ELEKTRON
ENZYM
GAS
GEWICHT
ION
KATALYSATOR
METALLE
MOLEKÜL
ORGANISCH
REAKTION
TEMPERATUR
FLÜSSIGKEIT
HITZE
WASSERSTOFF
SALZ
SÄURE

1 - Metingen

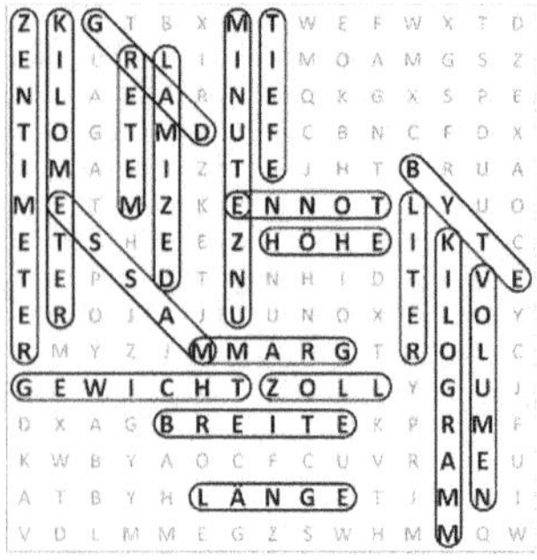

2 - Boten

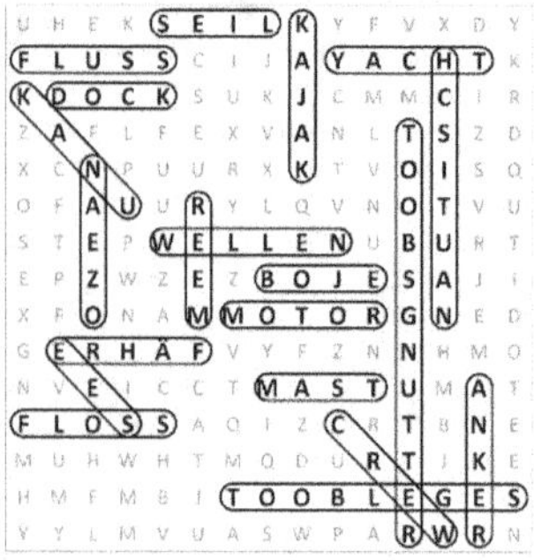

3 - Chocolade

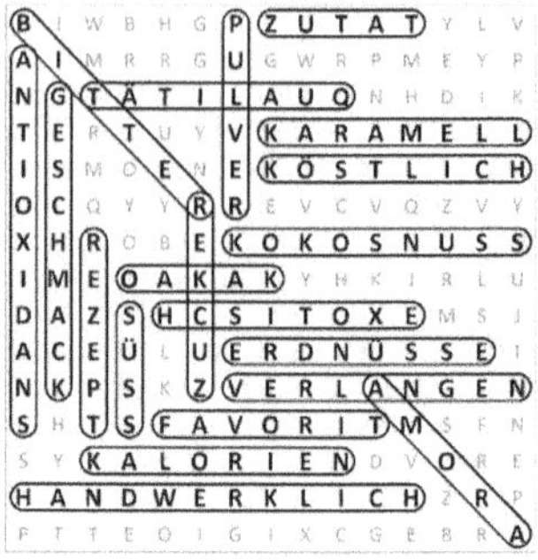

4 - Gezondheid en Welzijn #2

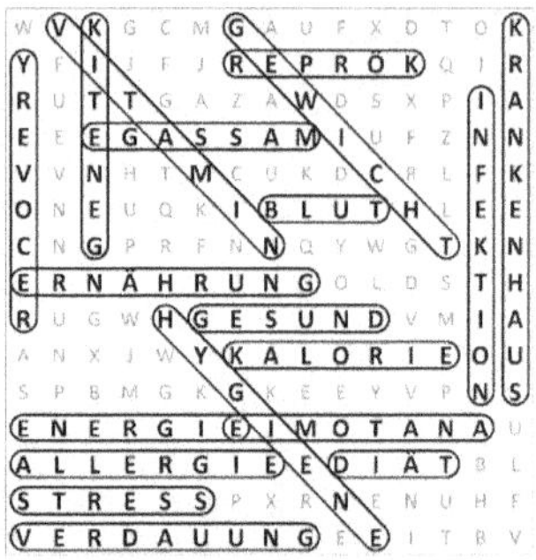

5 - Tijd

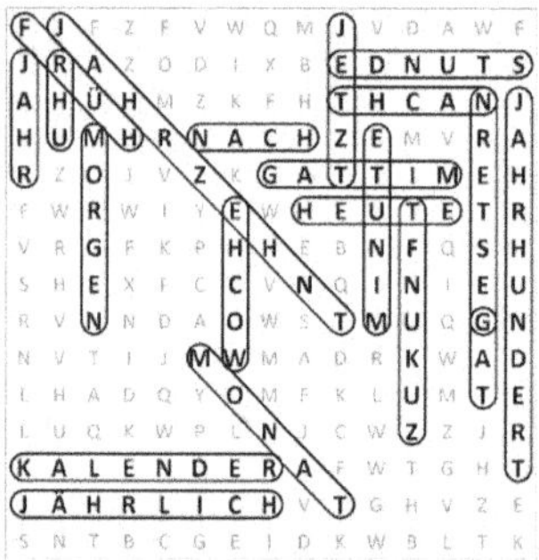

6 - Meditatie

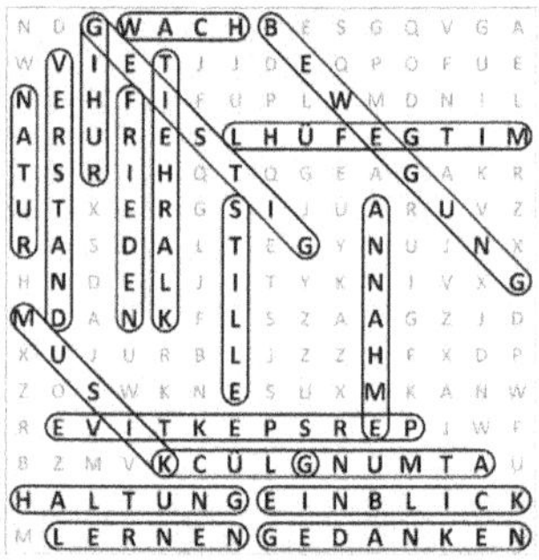

7 - Muziek

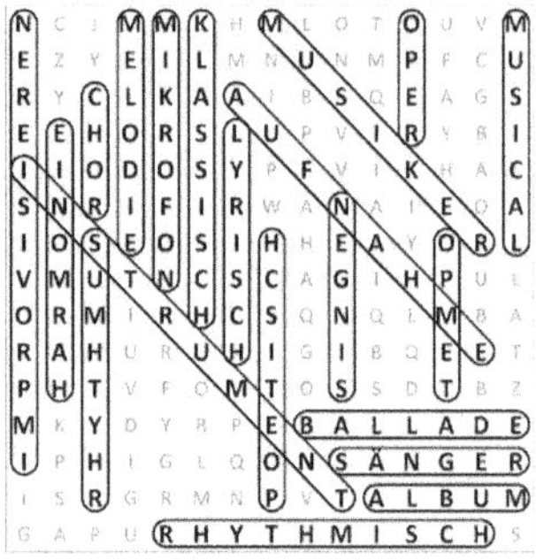

8 - Vogels

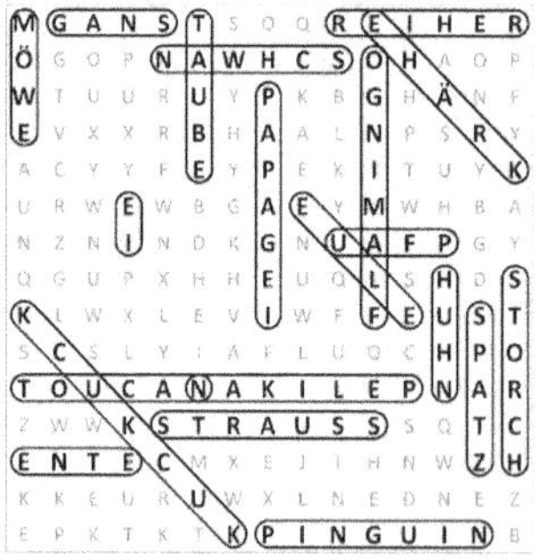

9 - Universum

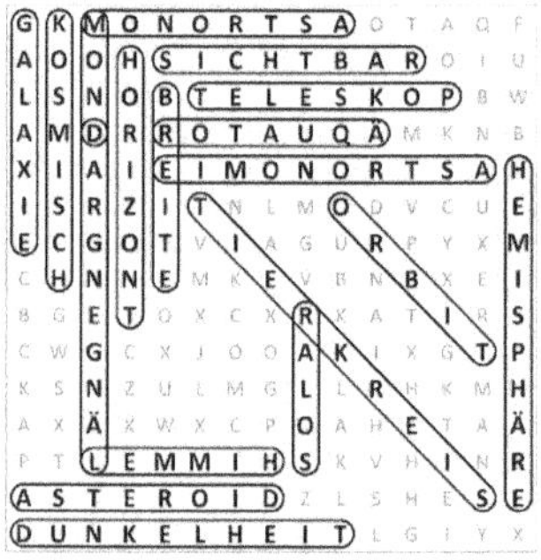

10 - Wiskunde

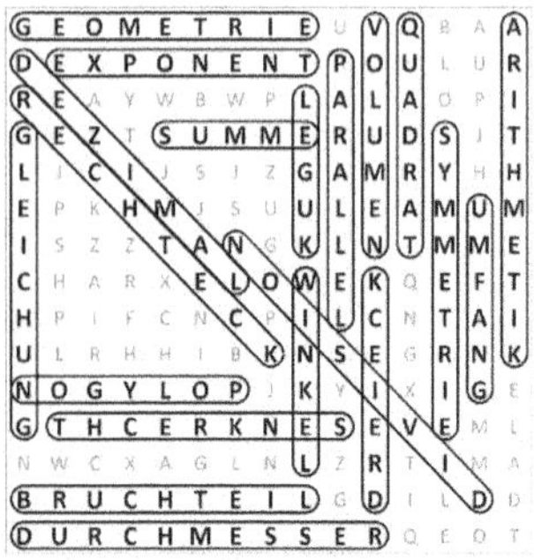

11 - Gezondheid en Welzijn #1

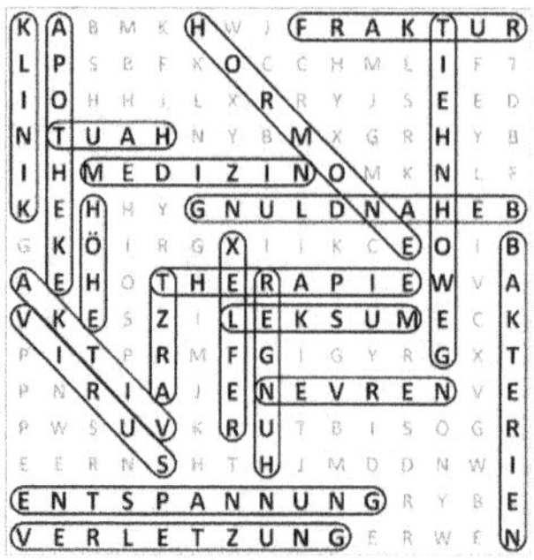

12 - Camping

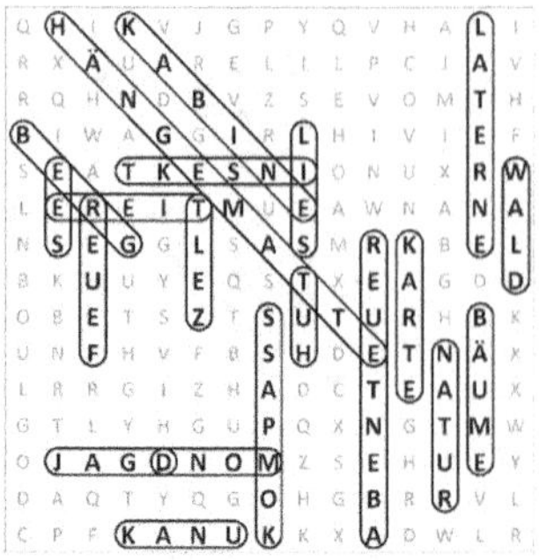

13 - Algebra

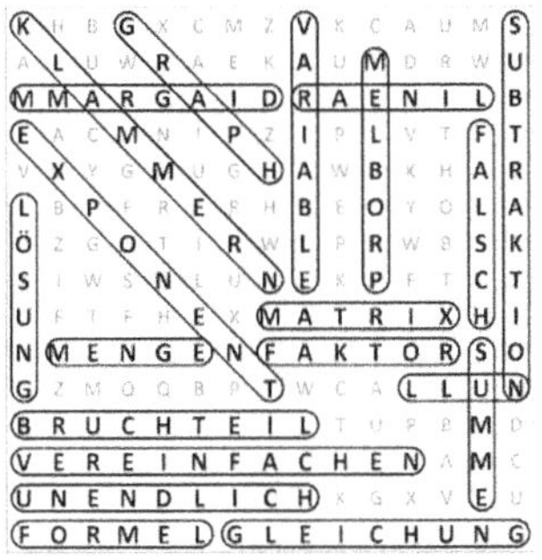

14 - Activiteiten

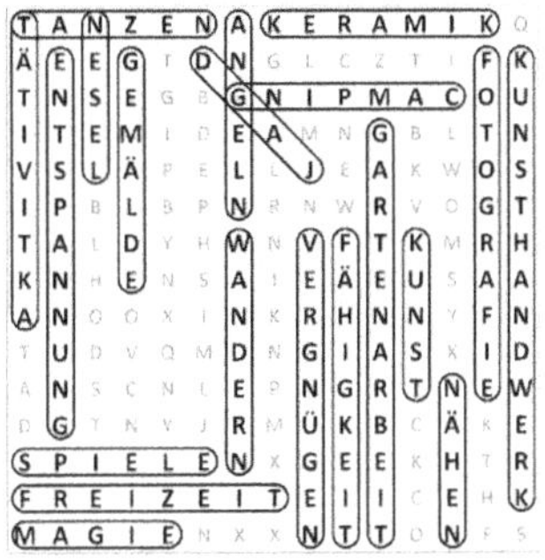

15 - Vormen

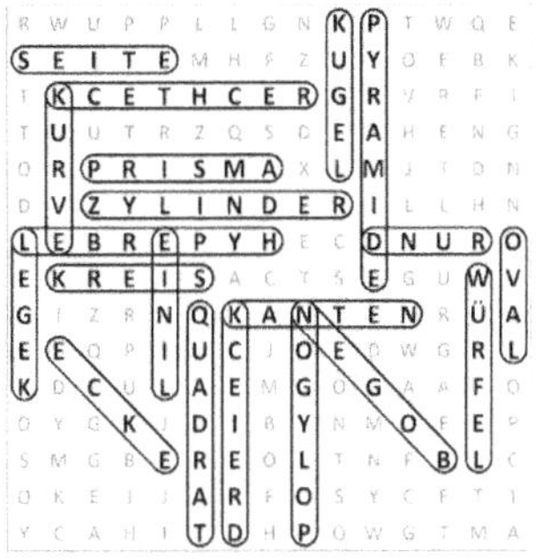

16 - Diplomatie

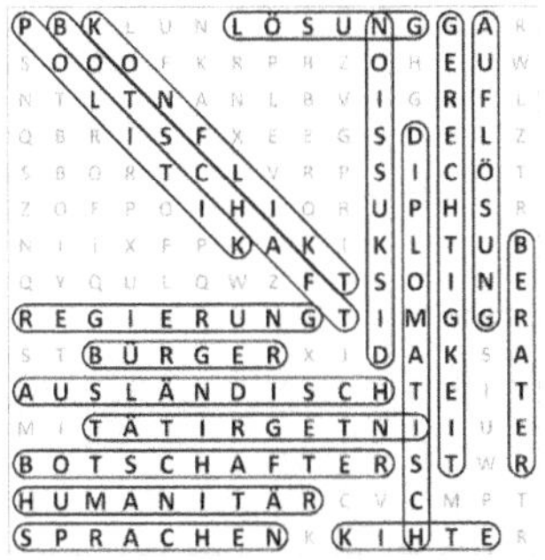

17 - Astronomie

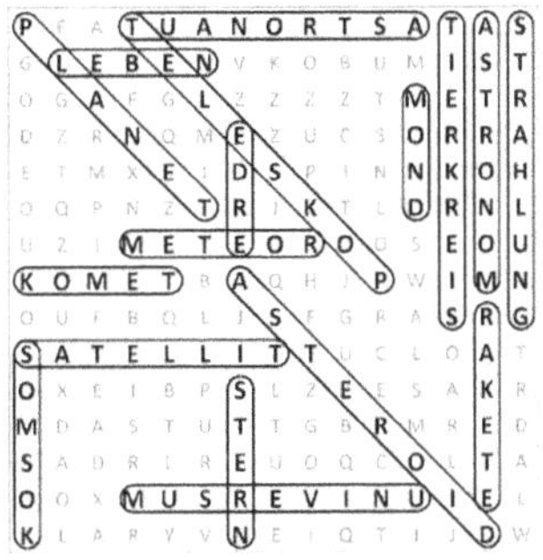

18 - Emoties

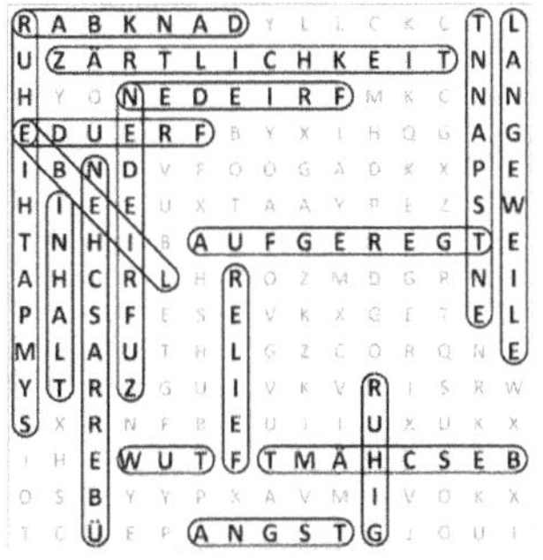

19 - Vakantie #2

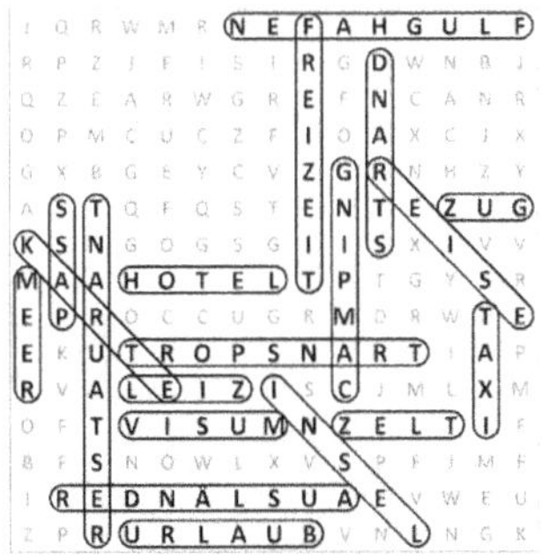

20 - Weersomstandigh

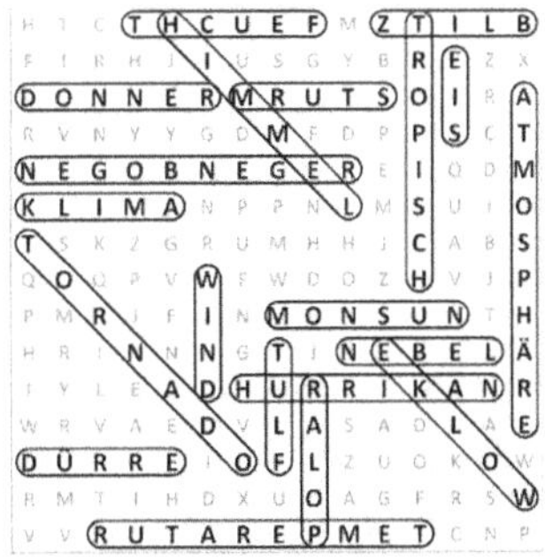

21 - Eten #2

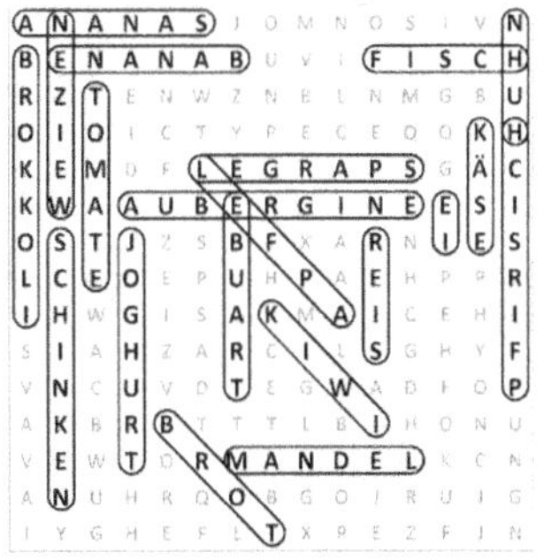

22 - Geologie

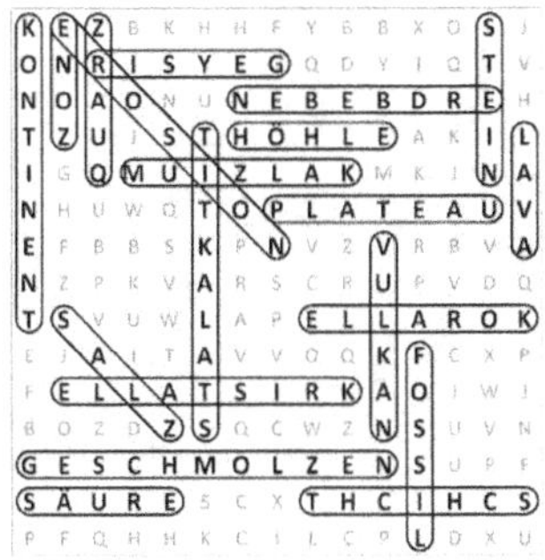

23 - Specerijen

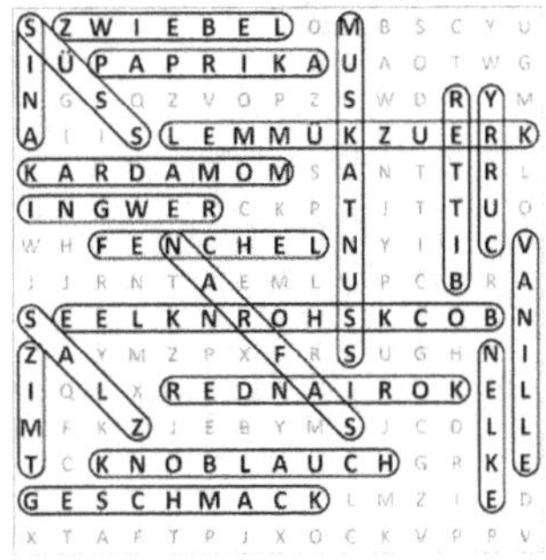

24 - Groenten

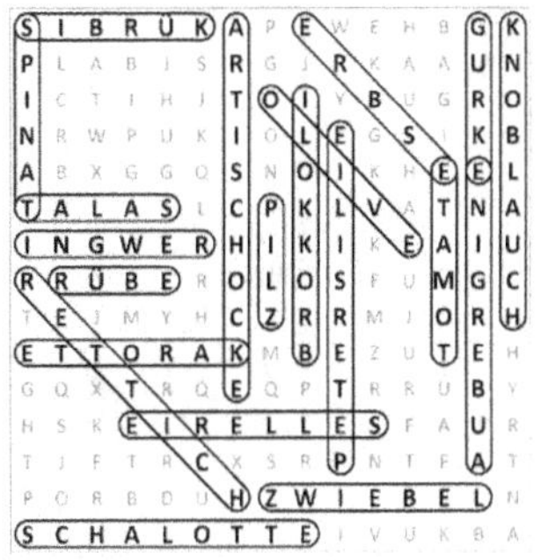

25 - Archeologie

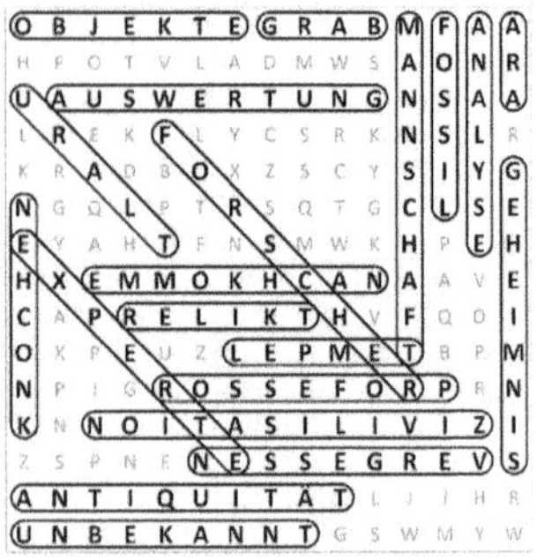

26 - Dans

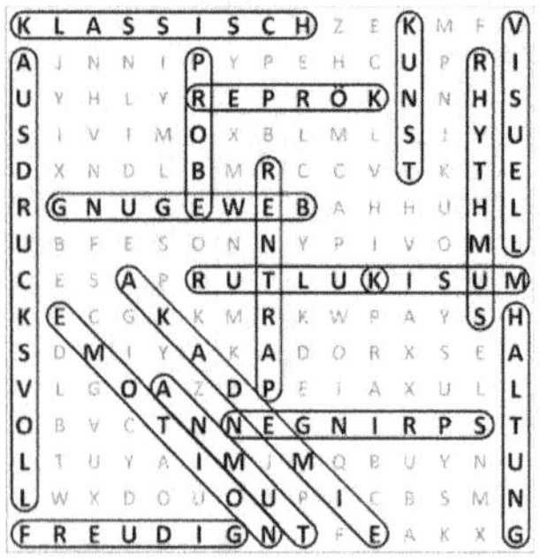

27 - Ziekte

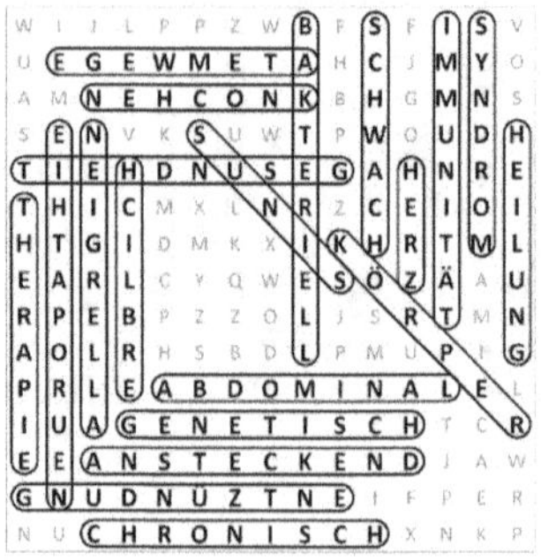

28 - Immigratie

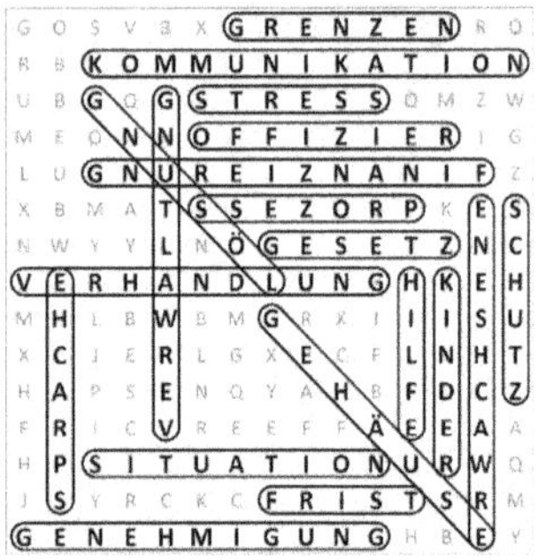

29 - Mythologie

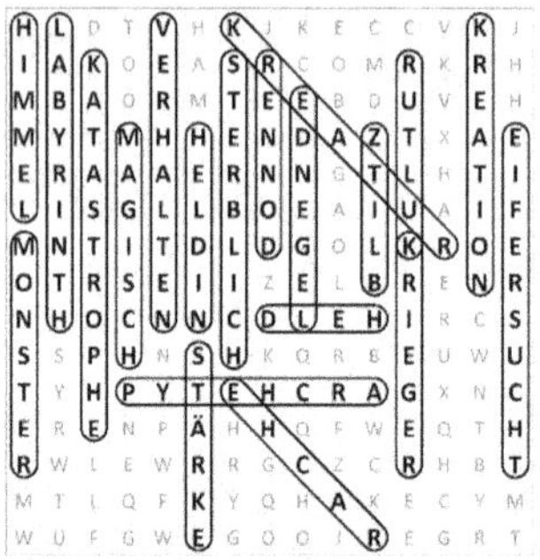

30 - Eten #1

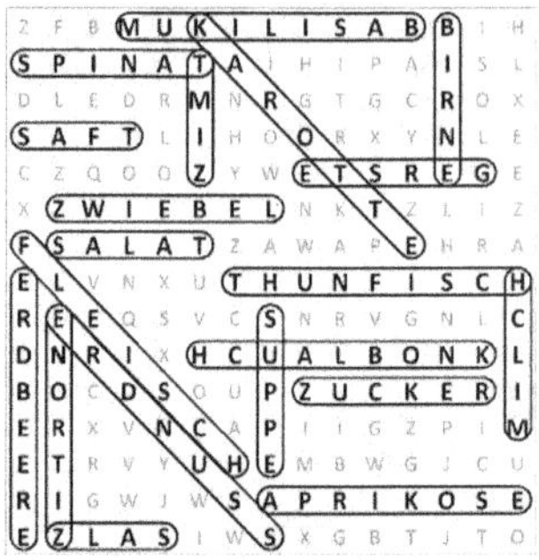

31 - Avontuur

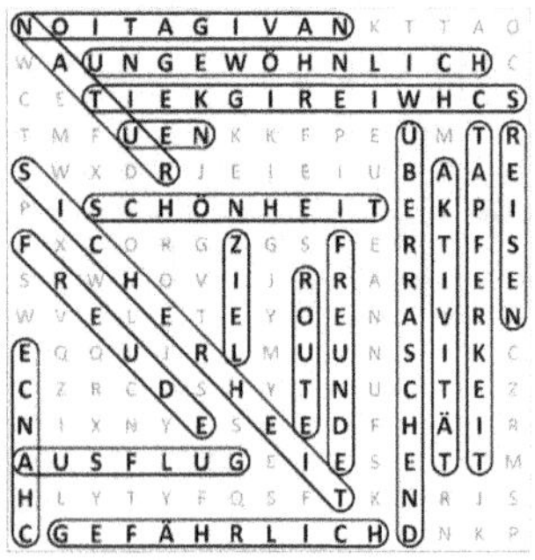

32 - Restaurant #2

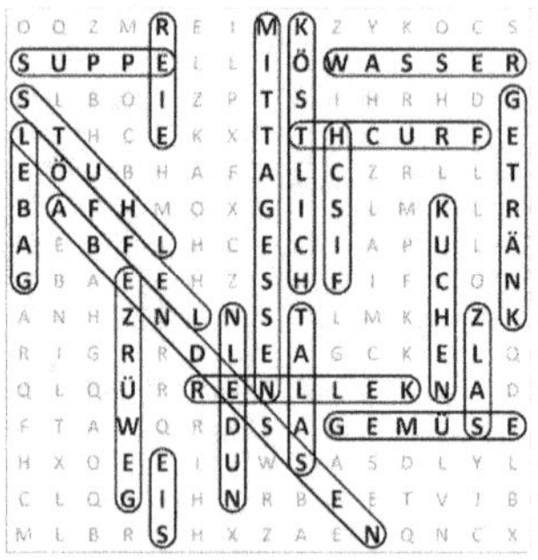

33 - Bijen

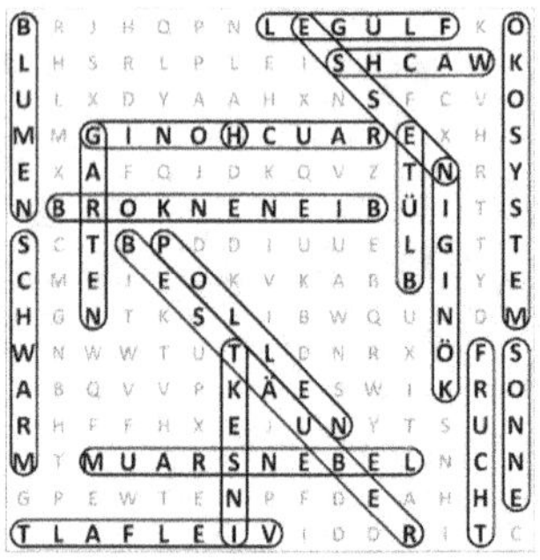

34 - Wandelen

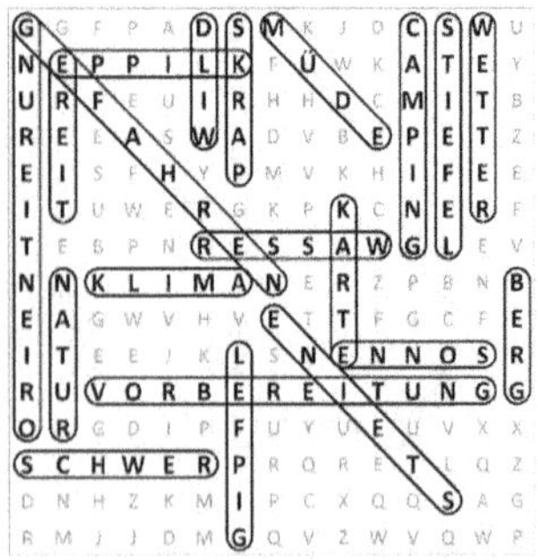

35 - Ecologie

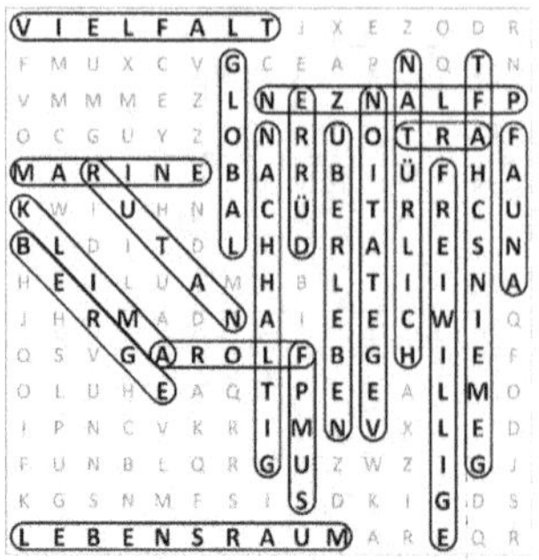

36 - Biologie

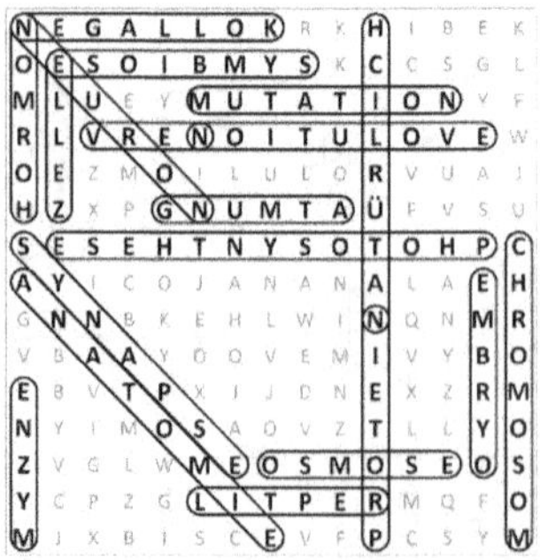

37 - Landen #1

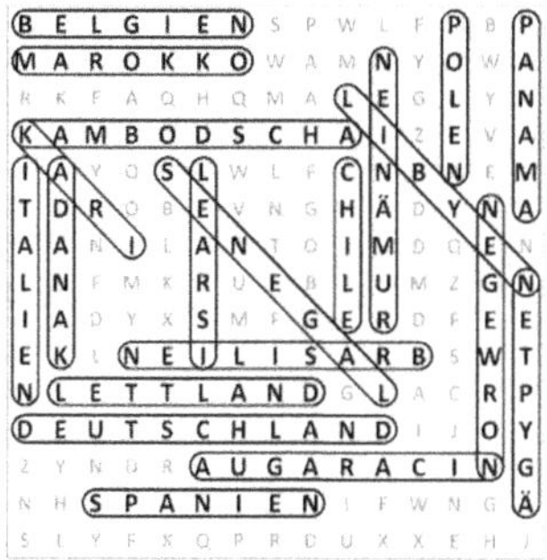

38 - Installaties

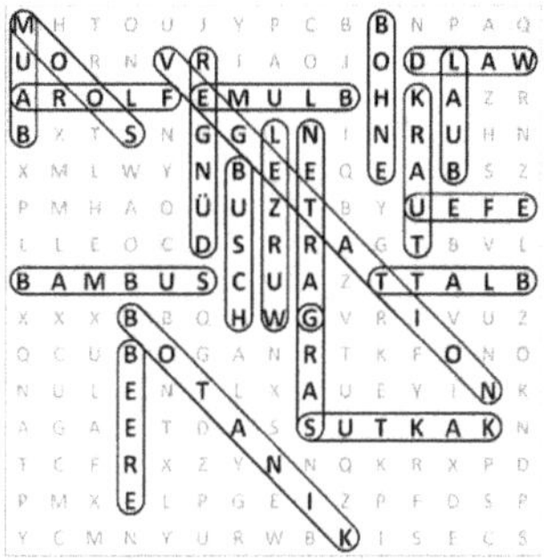

39 - Agronomie

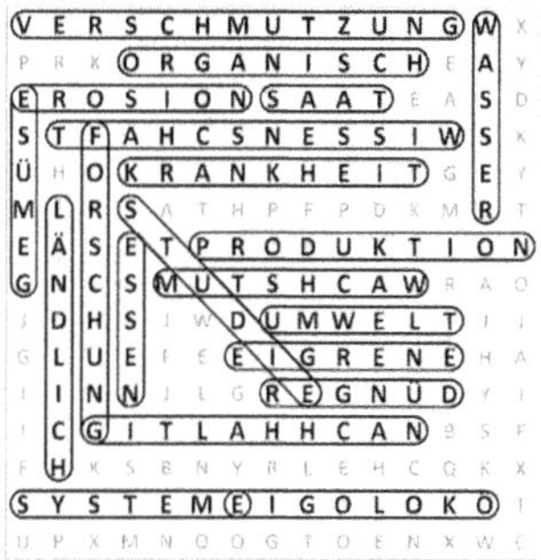

40 - Oceaan

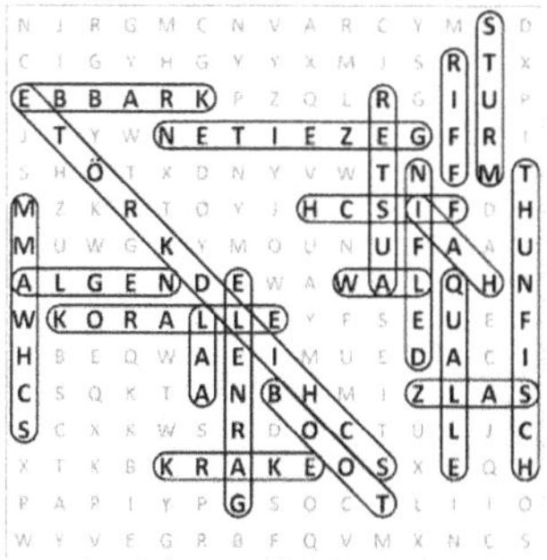

41 - Landen #2

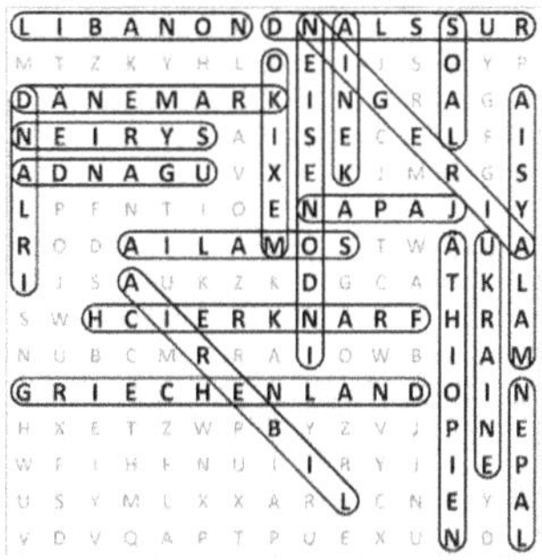

42 - Bloemen

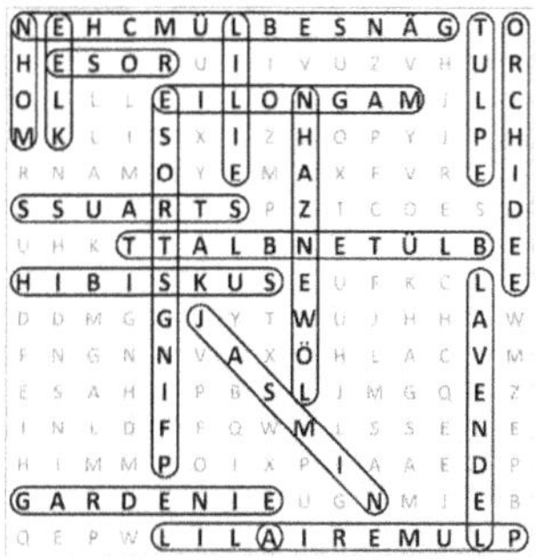

43 - Landschappen

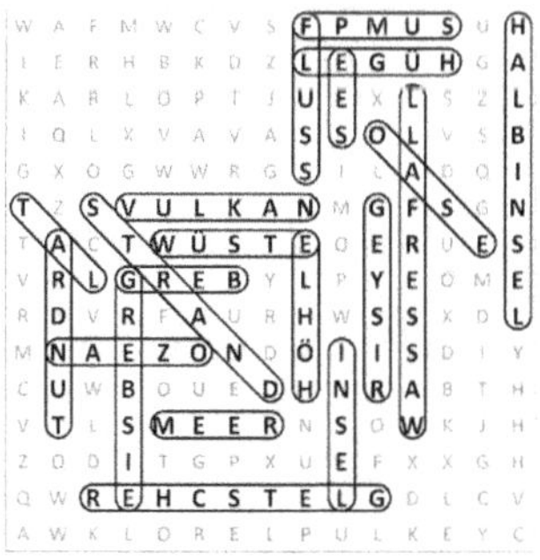

44 - Tuin

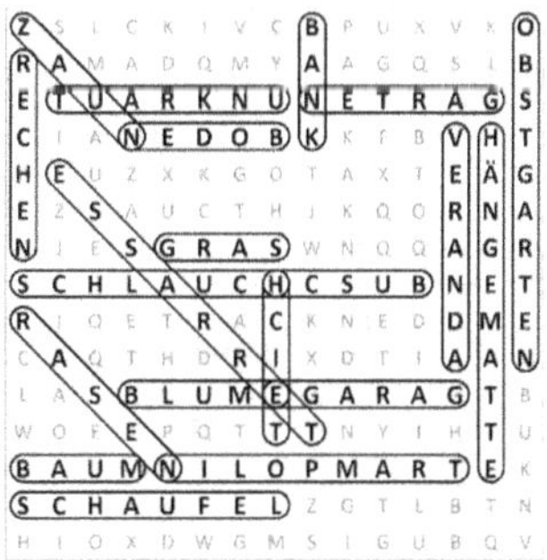

45 - Beroepen #2

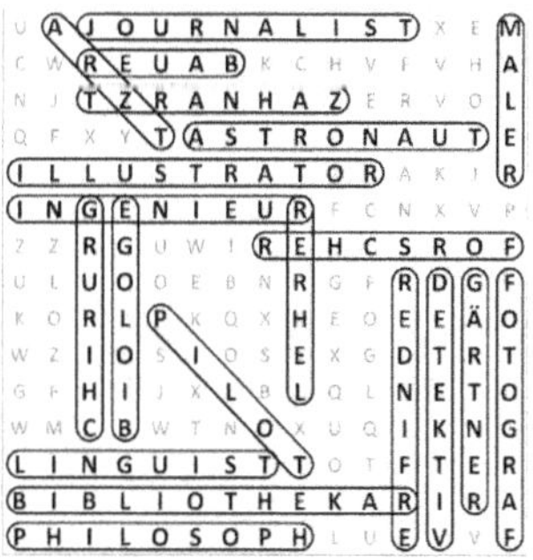

46 - Dagen en Maanden

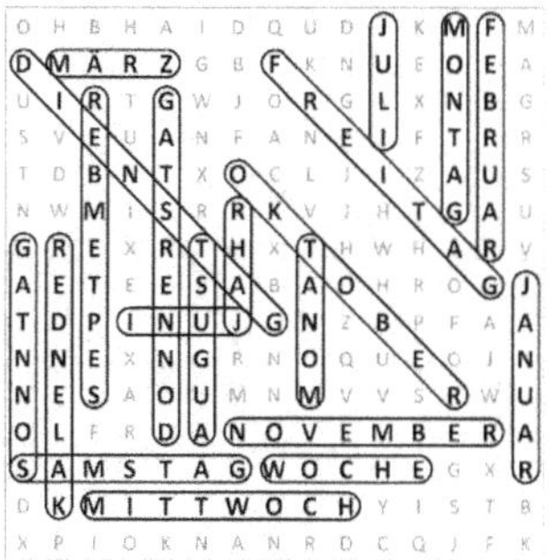

47 - Beeldende Kunsten

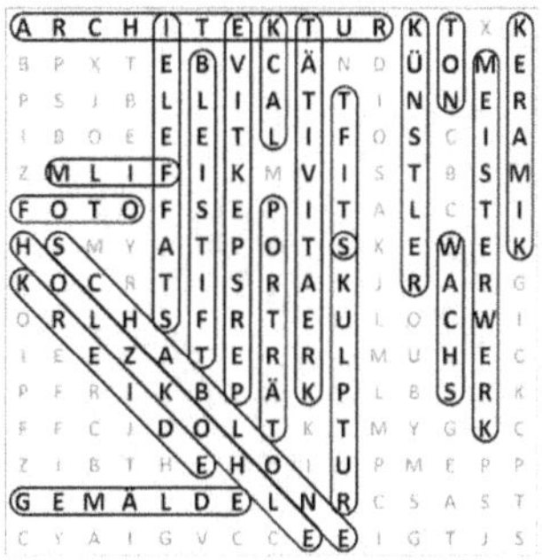

48 - Mode

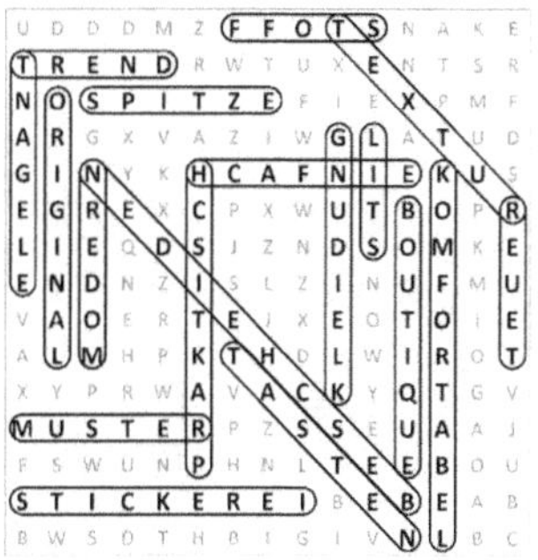

49 - Tuinieren

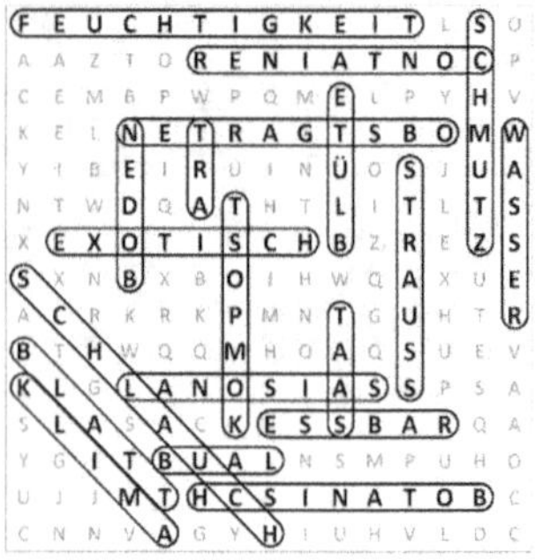

50 - Menselijk Lichaam

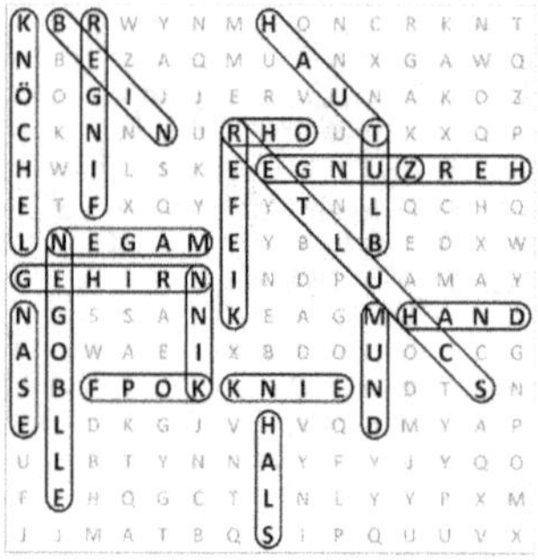

51 - Energie

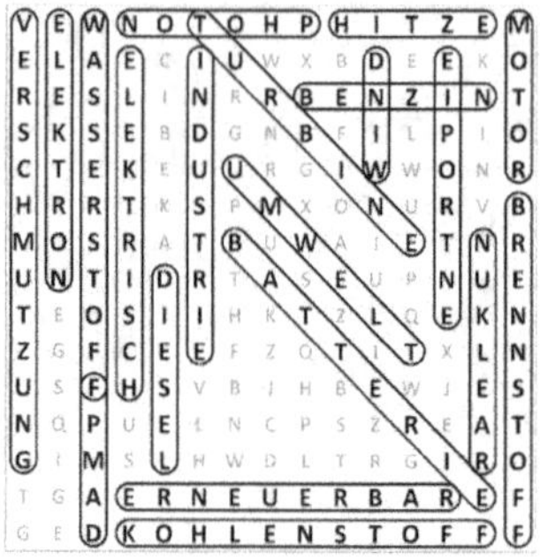

52 - Familie

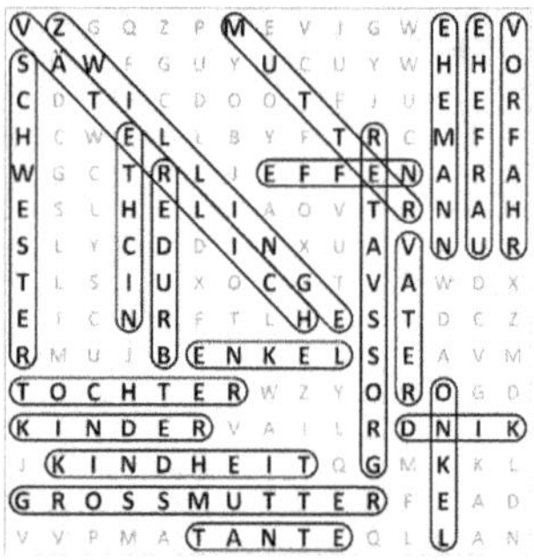

53 - Gebouwen

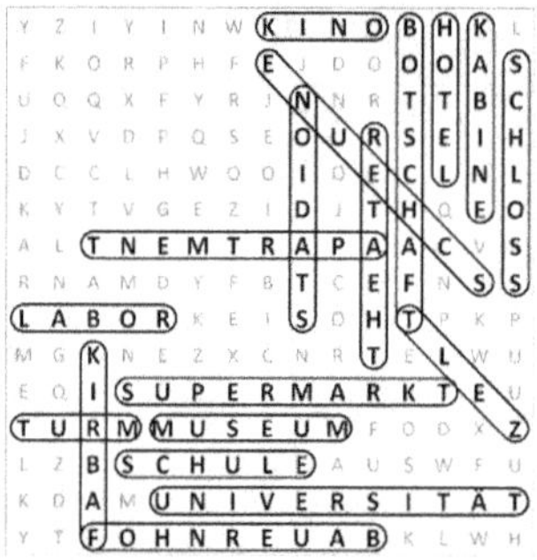

54 - Beroepen #1

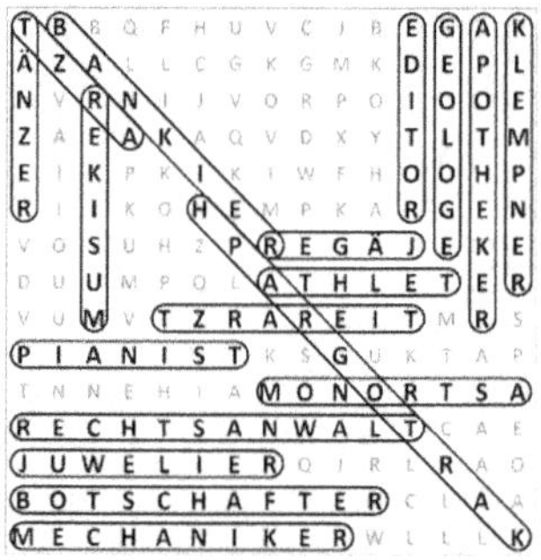

55 - Antarctica

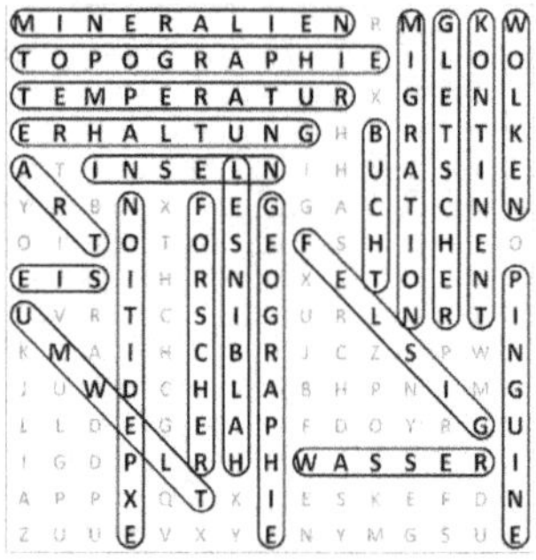

56 - Ballet

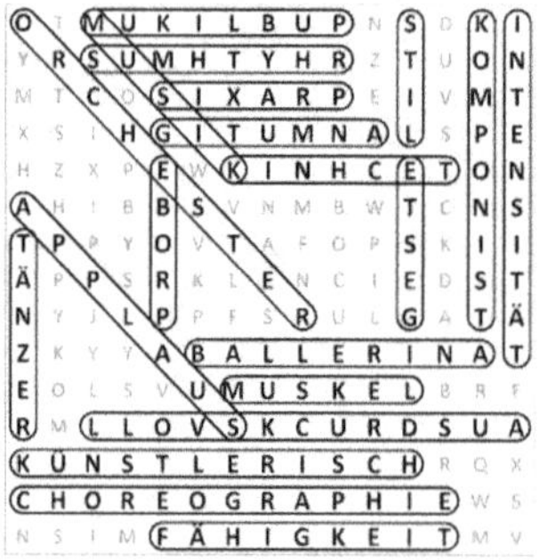

57 - Vissen

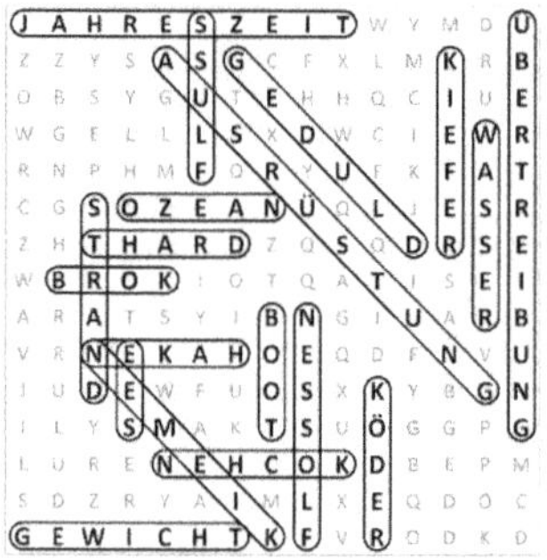

58 - Fruit

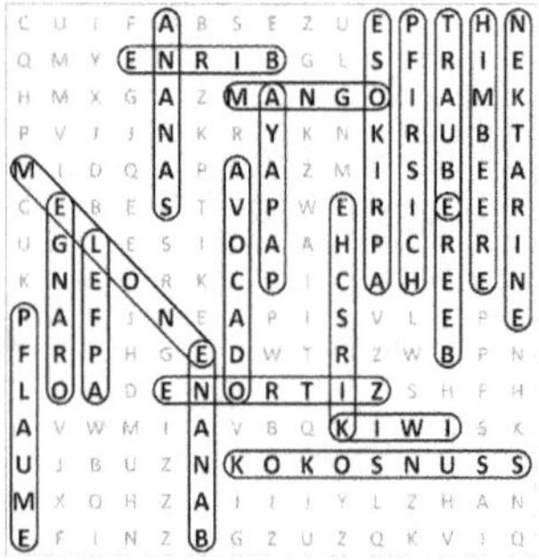

59 - Engineering

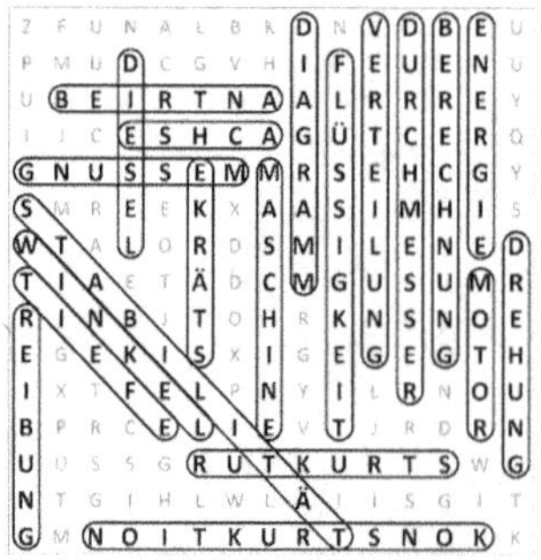

60 - Literatuur

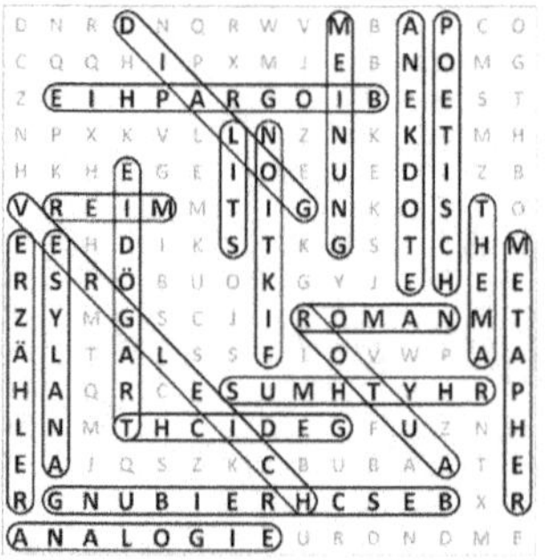

61 - Boeken

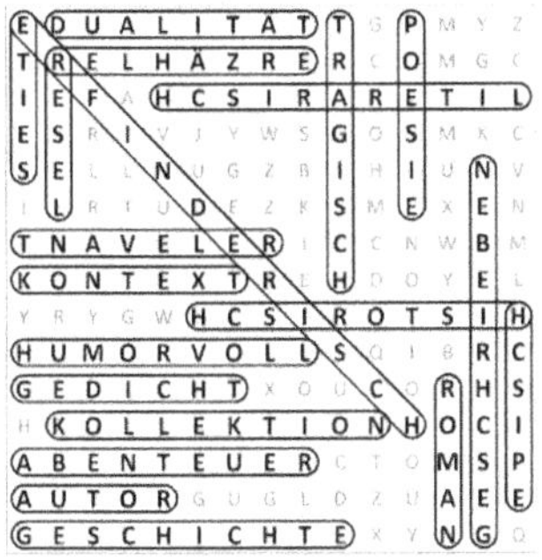

62 - Meer Informatie

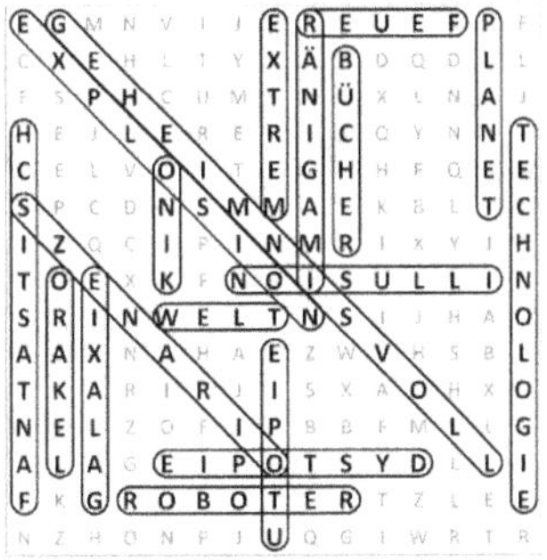

63 - Haartypes

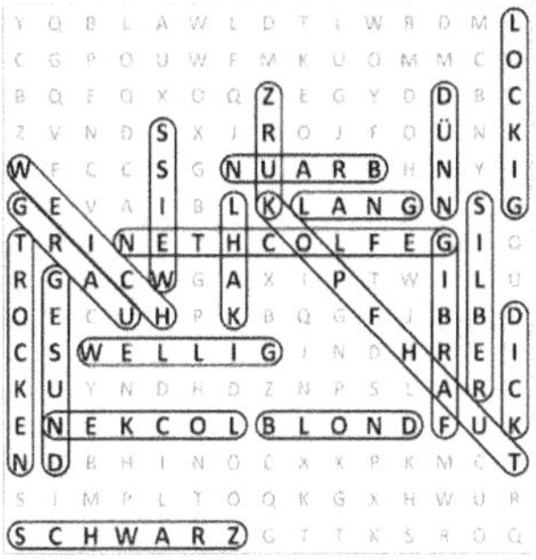

64 - Stad

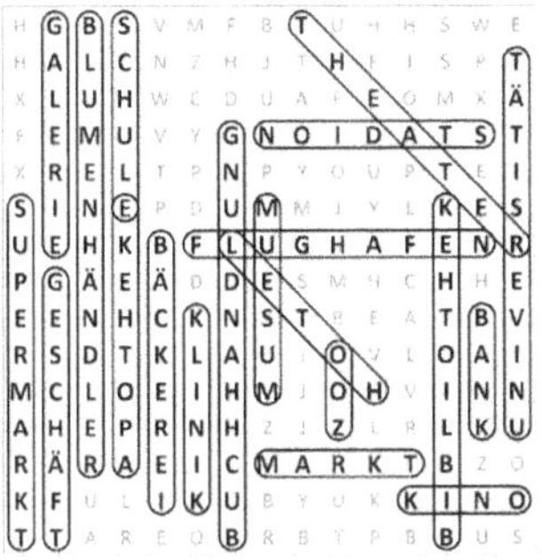

65 - Creativiteit

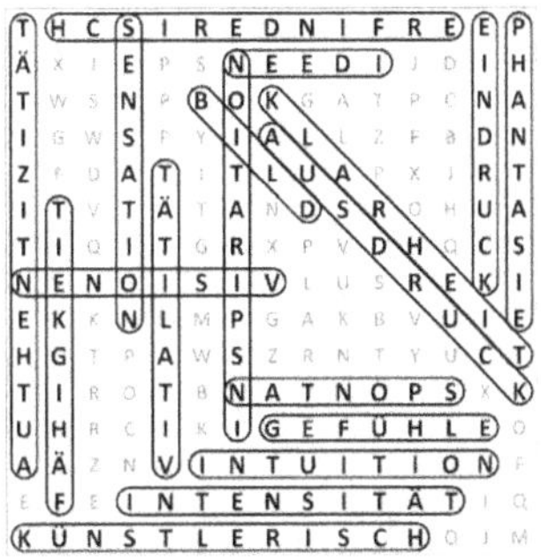

66 - Natuur

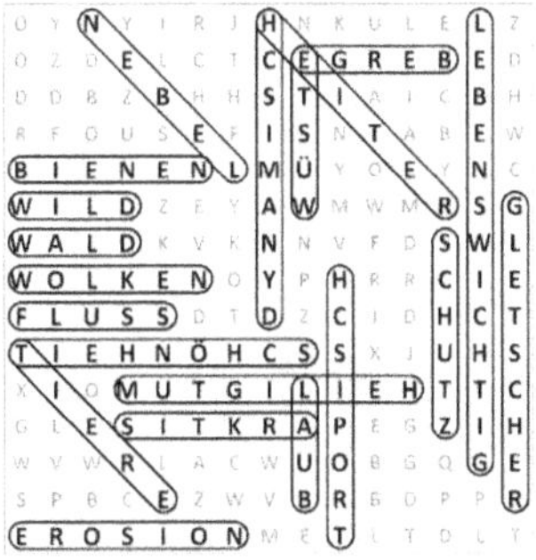

67 - Zoogdieren

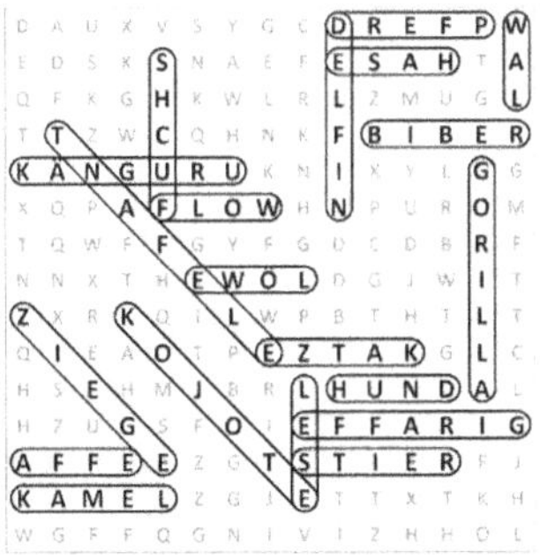

68 - Overheid

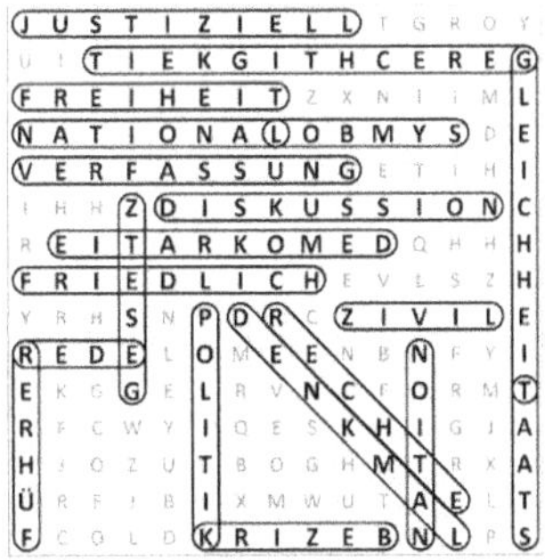

69 - Voertuigen

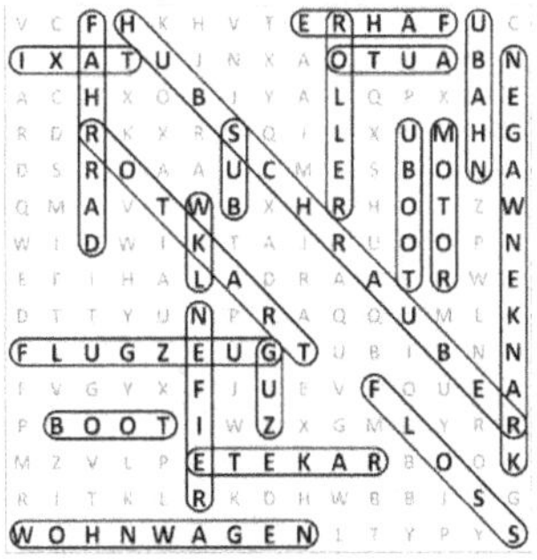

70 - Geografie

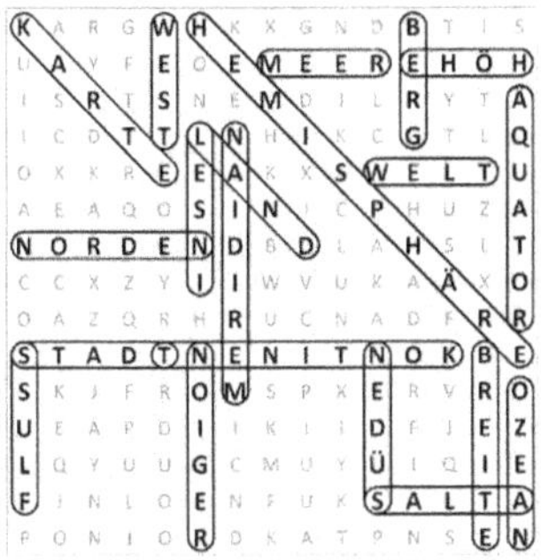

71 - Barbecues

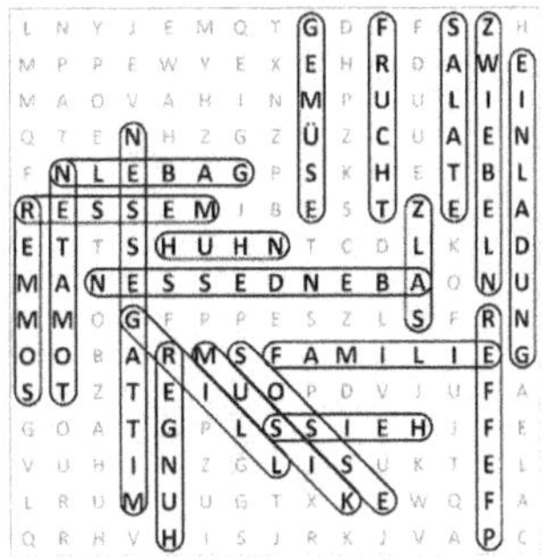

72 - Schoonheid

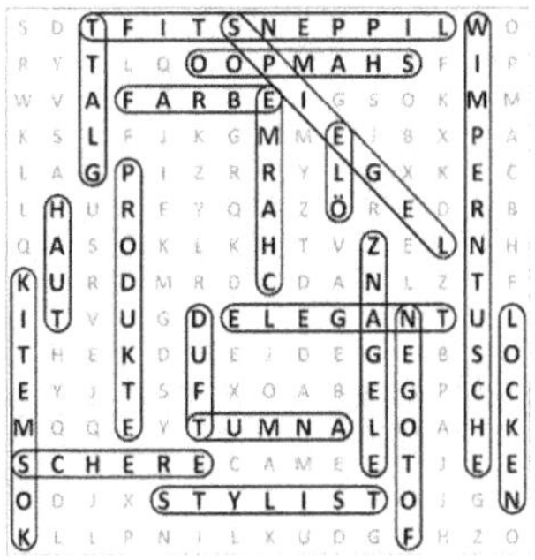

73 - Wetenschappelijk

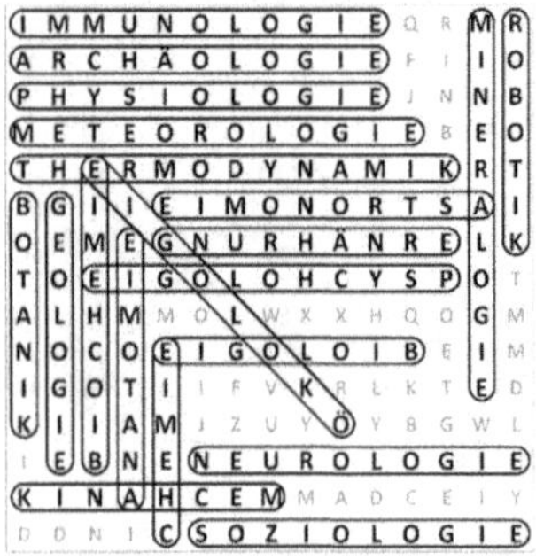

74 - Bijvoeglijke Naamwoorden

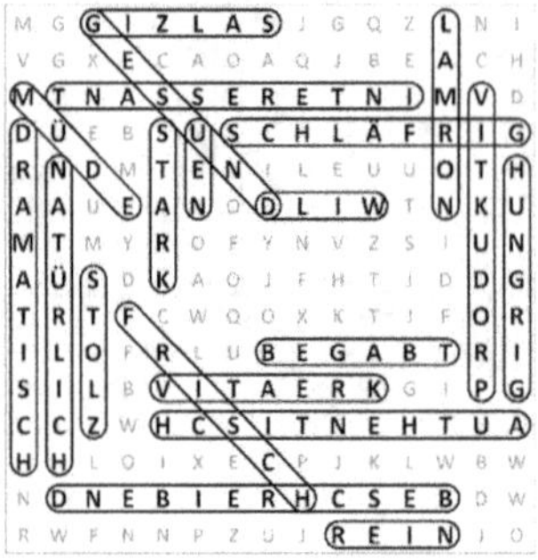

75 - Kleding

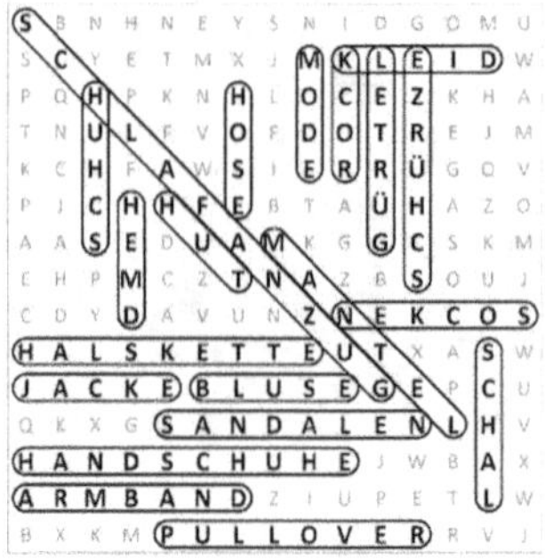

76 - Vliegtuigen

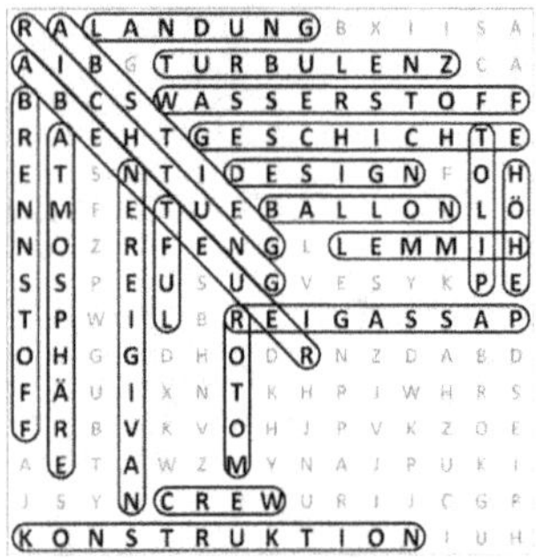

77 - Herbalisme

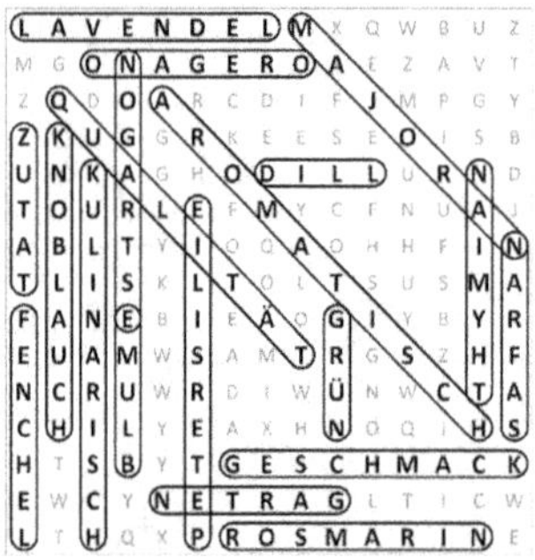

78 - Rijden

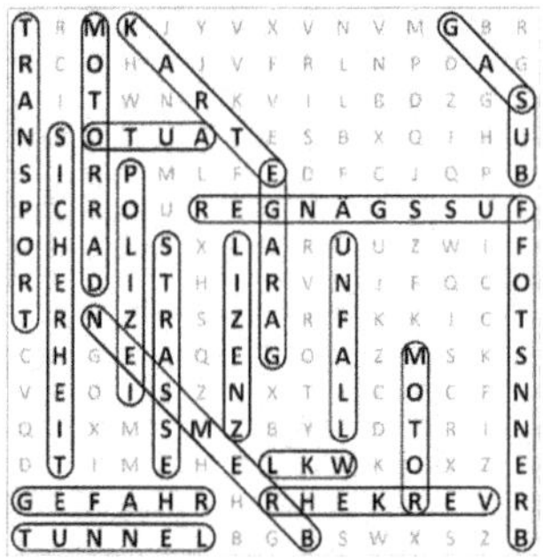

79 - Sporten

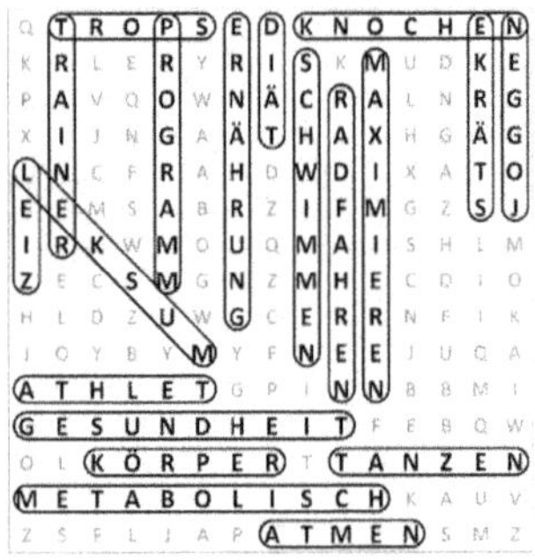

80 - Wetenschap

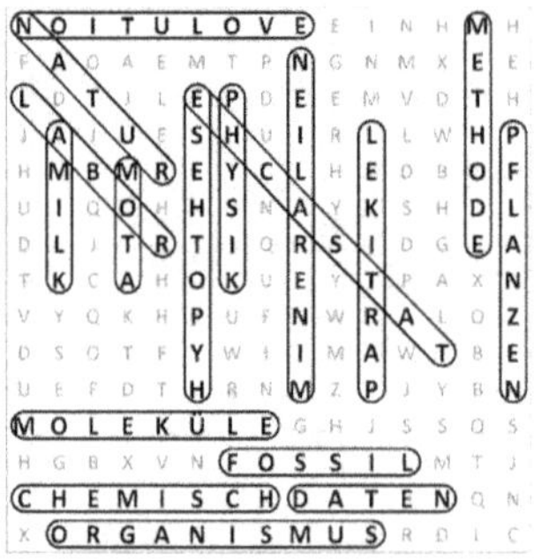

81 - Natuurkunde

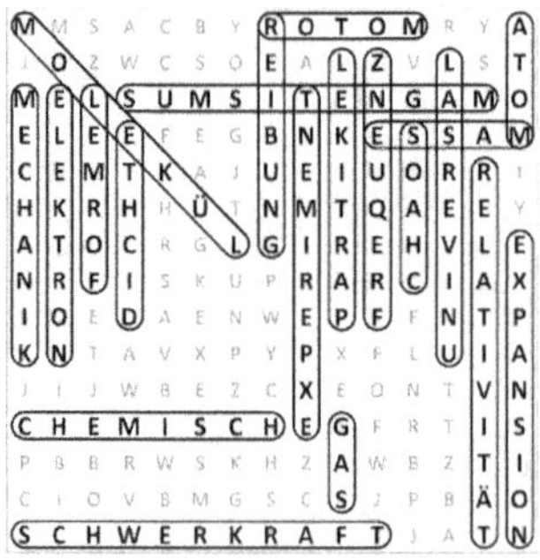

82 - Muziekinstrument

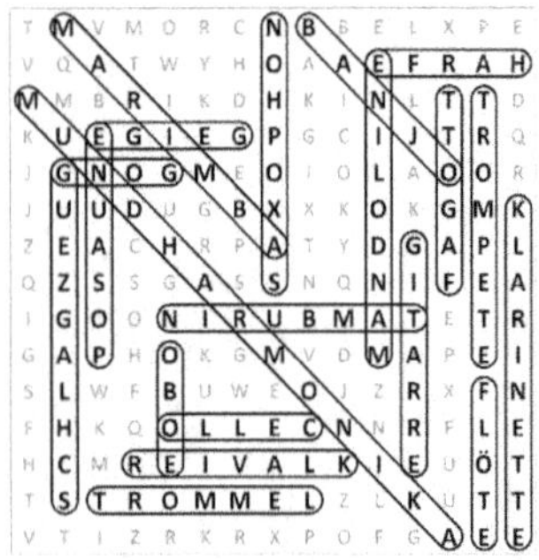

83 - Antiek

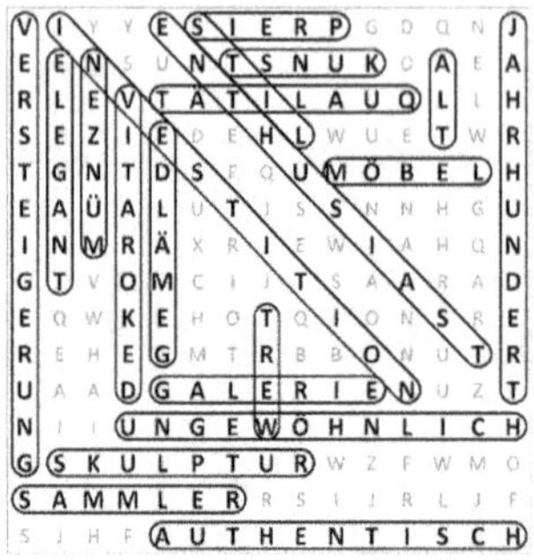

84 - Activiteiten en Vrije Ti

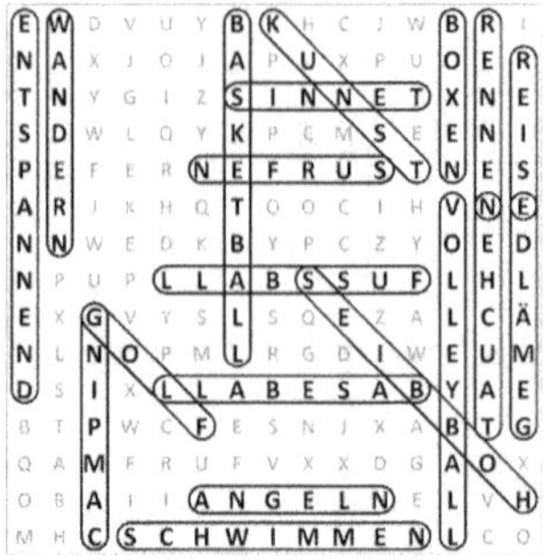

85 - Water

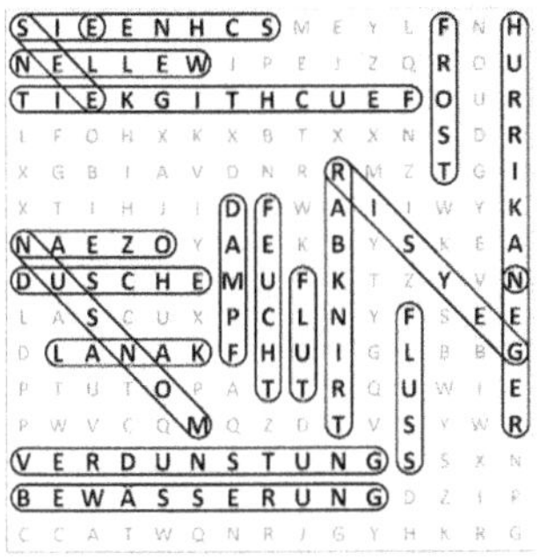

86 - Koffie

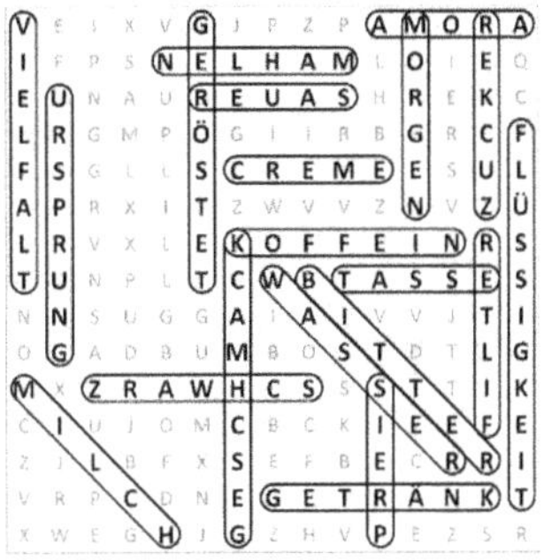

87 - Schaken

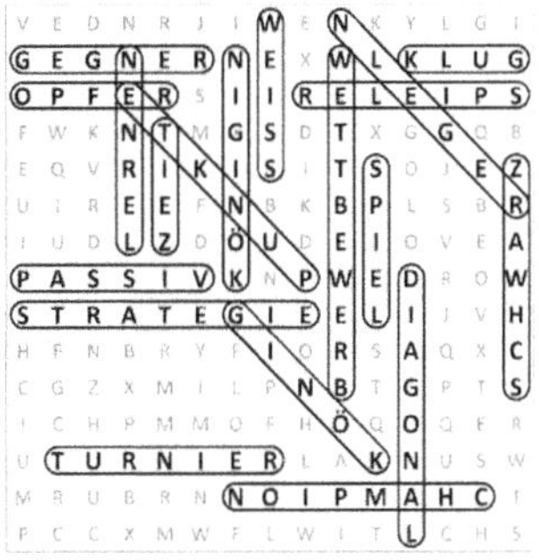

88 - Boerderij #1

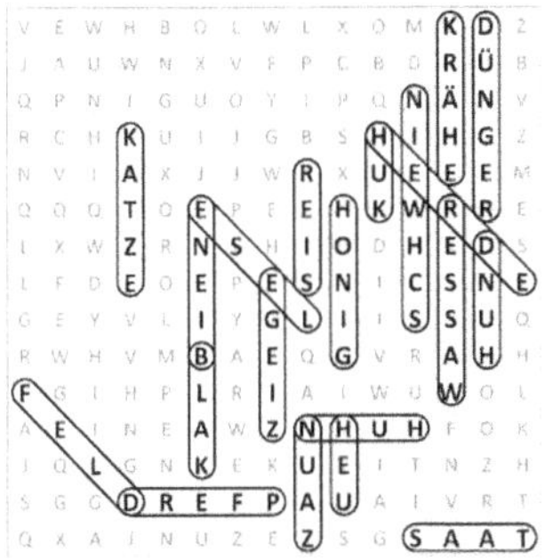

89 - Huis

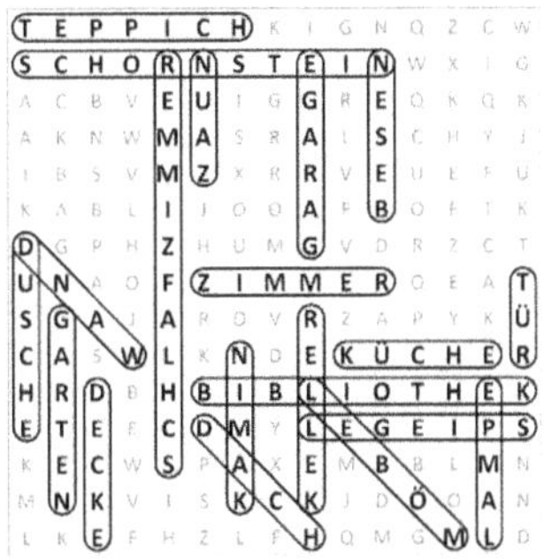

90 - Geometrie

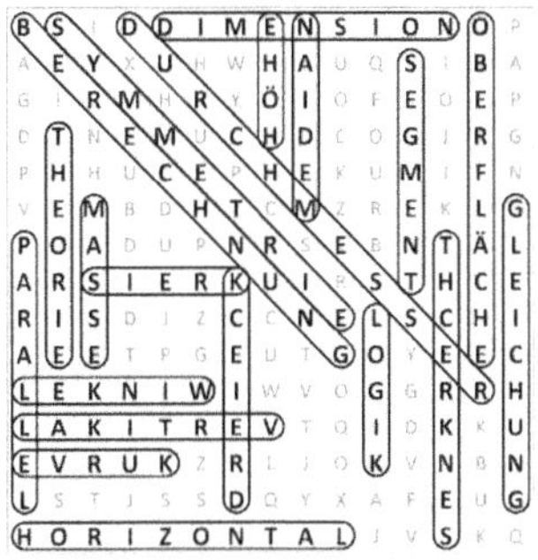

91 - Jazz

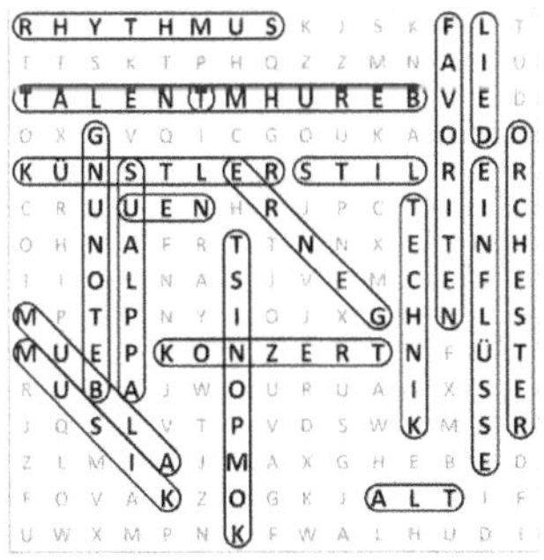

92 - Getallen

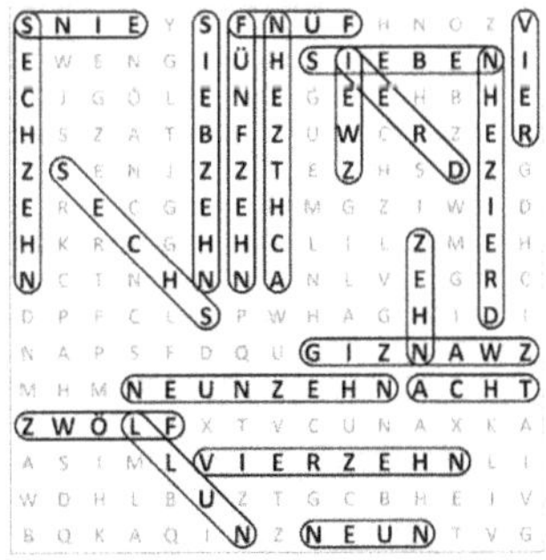

93 - Boksen

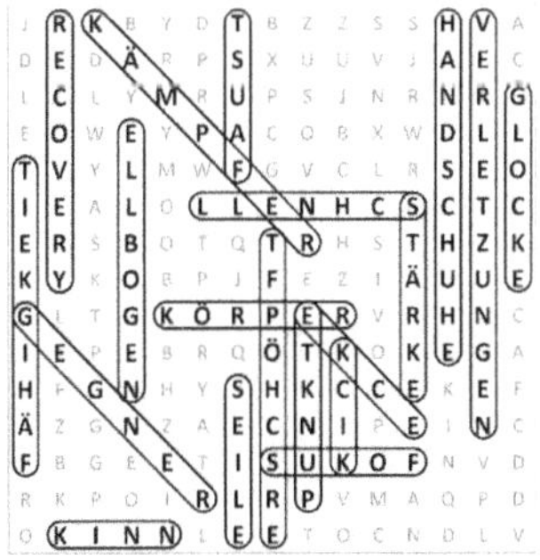

94 - Boerderij #2

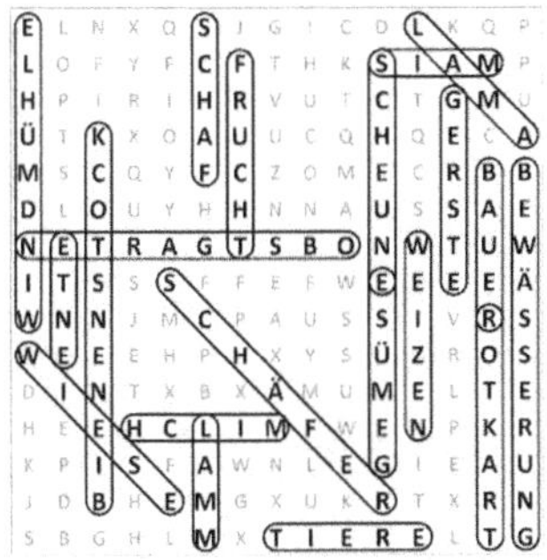

95 - Psychologie

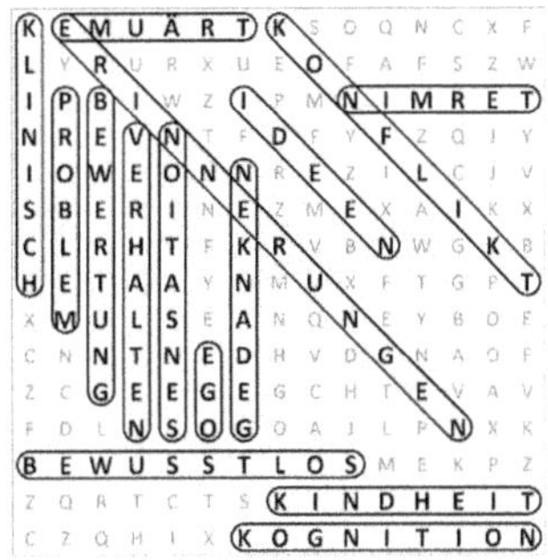

96 - Elektriciteit

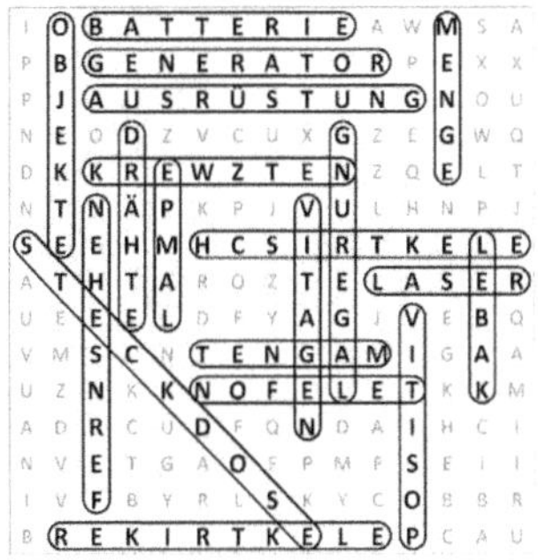

97 - Zakelijk

R	H	R	C	S	D	F	P	W	Y	Y	W	K	Y	F
E	T	D	W	P	T	T	A	B	A	R	Ä	E	T	I
T	E	G	D	U	B	E	E	X	P	N	H	I	G	N
I	R	F	I	R	M	A	U	W	X	I	R	N	E	V
E	E	A	L	Z	N	B	M	E	S	P	U	K	S	E
B	I	R	N	G	E	L	D	O	R	W	N	O	C	S
R	R	J	M	S	Y	F	Q	H	E	N	G	M	H	T
A	R	E	F	U	A	K	R	E	V	E	C	M	Ä	I
T	A	F	X	L	V	K	A	L	V	T	K	E	F	T
I	K	V	D	I	F	P	T	X	U	S	I	N	T	I
M	G	E	W	I	N	N	T	I	I	O	R	Ü	B	O
R	Y	Y	H	P	B	E	G	N	O	K	B	F	R	N
N	C	R	C	N	E	R	E	I	Z	N	A	N	I	F
A	R	B	E	I	T	G	E	B	E	R	F	F	X	O
K	C	A	M	N	W	I	R	T	S	C	H	A	F	T

98 - Voeding

T	W	U	M	L	G	K	A	L	O	R	I	E	N	F
Ä	O	K	T	B	E	B	S	O	S	S	E	Y	K	E
I	V	X	I	C	S	T	I	T	E	P	P	A	O	R
D	I	L	I	H	C	G	M	T	E	A	C	Q	H	M
R	T	J	E	N	H	Q	O	E	T	U	T	U	L	E
G	A	H	P	K	M	T	E	P	S	E	H	A	E	N
F	M	V	L	K	A	A	I	F	K	J	R	L	N	T
P	I	H	S	Q	C	S	U	H	K	W	A	I	H	A
U	N	C	Z	M	K	V	H	E	D	D	B	T	Y	T
A	U	S	G	E	W	O	G	E	N	Z	S	Ä	D	I
G	E	W	I	C	H	T	O	F	U	A	S	T	R	O
N	Ä	H	R	S	T	O	F	F	S	B	E	P	A	N
A	H	G	M	E	P	R	O	T	E	I	N	E	T	V
E	V	E	R	D	A	U	U	N	G	H	L	X	E	H
F	L	Ü	S	S	I	G	K	E	I	T	E	N	I	X

99 - Chemie

F	F	O	T	S	R	E	S	S	A	W	A	Y	G	A
V	Z	L	A	S	C	K	G	M	I	D	L	Z	R	T
T	N	U	Ü	U	J	L	C	N	N	T	K	I	Y	O
R	O	T	A	S	Y	L	A	T	A	K	A	M	U	X
O	R	R	K	K	S	Y	A	N	M	E	L	G	U	P
L	T	Z	E	J	M	I	H	Z	Y	B	I	E	N	T
H	K	Z	U	V	H	D	G	B	Z	H	S	W	G	E
C	E	L	L	A	T	E	M	K	N	C	C	I	A	M
Q	L	Ü	K	E	L	O	M	S	E	S	H	C	S	P
H	E	R	E	A	K	T	I	O	N	I	H	H	A	E
S	I	J	M	T	H	Y	R	E	B	N	T	T	K	R
S	Ä	T	R	E	I	W	H	A	N	A	E	T	G	A
K	H	U	Z	H	O	N	S	I	H	G	E	M	B	T
P	T	N	R	E	N	G	P	U	G	R	C	D	O	U
G	J	F	G	E	V	F	Y	J	R	O	H	Z	N	R

Woordenboek

Activiteiten
Aktivitäten

Activiteit	Aktivität
Ambachten	Kunsthandwerk
Dansen	Tanzen
Fotografie	Fotografie
Games	Spiele
Hengelsport	Angeln
Jacht	Jagd
Kamperen	Camping
Keramiek	Keramik
Kunst	Kunst
Lezen	Lesen
Magie	Magie
Naaien	Nähen
Ontspanning	Entspannung
Plezier	Vergnügen
Schilderij	Gemälde
Tuinieren	Gartenarbeit
Vaardigheid	Fähigkeit
Vrije Tijd	Freizeit
Wandelen	Wandern

Activiteiten en Vrije Ti
Aktivitäten und Freizeit

Basketbal	Basketball
Boksen	Boxen
Duiken	Tauchen
Golf	Golf
Hengelsport	Angeln
Hobby	Hobbies
Honkbal	Baseball
Kamperen	Camping
Kunst	Kunst
Ontspannen	Entspannend
Racen	Rennen
Reis	Reise
Schilderij	Gemälde
Surfen	Surfen
Tennis	Tennis
Tuinieren	Gartenarbeit
Voetbal	Fussball
Volleybal	Volleyball
Wandelen	Wandern
Zwemmen	Schwimmen

Agronomie
Agronomie

Duurzaam	Nachhaltig
Ecologie	Ökologie
Energie	Energie
Erosie	Erosion
Groei	Wachstum
Groente	Gemüse
Landelijk	Ländlich
Mest	Dünger
Omgeving	Umwelt
Onderzoek	Forschung
Organisch	Organisch
Productie	Produktion
Studie	Studie
Systemen	Systeme
Vervuiling	Verschmutzung
Voedsel	Essen
Water	Wasser
Wetenschap	Wissenschaft
Zaden	Saat
Ziekten	Krankheit

Algebra
Algebra

Aftrekken	Subtraktion
Diagram	Diagramm
Exponent	Exponent
Factor	Faktor
Formule	Formel
Fractie	Bruchteil
Grafiek	Graph
Haakje	Klammern
Hoeveelheid	Menge
Lineair	Linear
Matrix	Matrix
Nul	Null
Oneindig	Unendlich
Oplossing	Lösung
Probleem	Problem
Som	Summe
Vals	Falsch
Variabele	Variable
Vereenvoudigen	Vereinfachen
Vergelijking	Gleichung

Antarctica
Antarktis

Baai	Bucht
Behoud	Erhaltung
Continent	Kontinent
Eilanden	Inseln
Expeditie	Expedition
Geografie	Geographie
Gletsjers	Gletscher
Ijs	Eis
Migratie	Migration
Mineralen	Mineralien
Omgeving	Umwelt
Onderzoeker	Forscher
Pinguïn	Pinguine
Rotsachtig	Felsig
Schiereiland	Halbinsel
Soort	Art
Temperatuur	Temperatur
Topografie	Topographie
Water	Wasser
Wolken	Wolken

Antiek
Antiquitäten

Authentiek	Authentisch
Beeldhouwwerk	Skulptur
Decoratief	Dekorativ
Eeuw	Jahrhundert
Elegant	Elegant
Galerij	Galerie
Investering	Investition
Kunst	Kunst
Kwaliteit	Qualität
Liefhebber	Enthusiast
Meubilair	Möbel
Munten	Münzen
Ongewoon	Ungewöhnlich
Oud	Alt
Prijs	Preis
Schilderijen	Gemälde
Stijl	Stil
Veiling	Versteigerung
Verzamelaar	Sammler
Waarde	Wert

Archeologie
Archäologie

Analyse	Analyse
Beschaving	Zivilisation
Botten	Knochen
Deskundige	Experte
Evaluatie	Auswertung
Fossiel	Fossil
Graf	Grab
Mysterie	Geheimnis
Nakomeling	Nachkomme
Objecten	Objekte
Onbekend	Unbekannt
Onderzoeker	Forscher
Oud	Uralt
Oudheid	Antiquität
Professor	Professor
Relikwie	Relikt
Team	Mannschaft
Tempel	Tempel
Tijdperk	Ära
Vergeten	Vergessen

Astronomie
Astronomie

Aarde	Erde
Asteroïde	Asteroid
Astronaut	Astronaut
Astronoom	Astronom
Dierenriem	Tierkreis
Komeet	Komet
Kosmos	Kosmos
Maan	Mond
Meteoor	Meteor
Nevel	Nebel
Observatorium	Observatorium
Planeet	Planet
Raket	Rakete
Satelliet	Satellit
Ster	Stern
Sterrenbeeld	Konstellation
Straling	Strahlung
Telescoop	Teleskop
Universum	Universum
Zwaartekracht	Schwerkraft

Avontuur
Abenteuer

Activiteit	Aktivität
Bestemming	Ziel
Enthousiasme	Begeisterung
Excursie	Ausflug
Gevaarlijk	Gefährlich
Kans	Chance
Moed	Tapferkeit
Moeilijkheid	Schwierigkeit
Natuur	Natur
Navigatie	Navigation
Nieuw	Neu
Ongewoon	Ungewöhnlich
Reisplan	Route
Reizen	Reisen
Schoonheid	Schönheit
Veiligheid	Sicherheit
Verrassend	Überraschend
Voorbereiding	Vorbereitung
Vreugde	Freude
Vrienden	Freunde

Ballet
Ballett

Applaus	Applaus
Artistiek	Künstlerisch
Ballerina	Ballerina
Choreografie	Choreographie
Componist	Komponist
Dansers	Tänzer
Expressief	Ausdrucksvoll
Gebaar	Geste
Intensiteit	Intensität
Muziek	Musik
Orkest	Orchester
Praktijk	Praxis
Publiek	Publikum
Repetitie	Probe
Ritme	Rhythmus
Sierlijk	Anmutig
Spieren	Muskel
Stijl	Stil
Techniek	Technik
Vaardigheid	Fähigkeit

Barbecues
Barbecues

Diner	Abendessen
Familie	Familie
Fruit	Frucht
Grill	Grill
Groente	Gemüse
Heet	Heiss
Honger	Hunger
Kip	Huhn
Lunch	Mittagessen
Messen	Messer
Muziek	Musik
Peper	Pfeffer
Salades	Salate
Saus	Sosse
Tomaten	Tomaten
Uien	Zwiebeln
Uitnodiging	Einladung
Vorken	Gabeln
Zomer	Sommer
Zout	Salz

Beeldende Kunsten
Bildende Kunst

Architectuur	Architektur
Artiest	Künstler
Beeldhouwwerk	Skulptur
Creativiteit	Kreativität
Ezel	Staffelei
Film	Film
Foto	Foto
Houtskool	Holzkohle
Keramiek	Keramik
Klei	Ton
Krijt	Kreide
Meesterwerk	Meisterwerk
Pen	Stift
Perspectief	Perspektive
Portret	Porträt
Potlood	Bleistift
Schilderij	Gemälde
Stencil	Schablone
Vernis	Lack
Was	Wachs

Beroepen #1
Berufe #1

Advocaat	Rechtsanwalt
Ambassadeur	Botschafter
Apotheker	Apotheker
Astronoom	Astronom
Atleet	Athlet
Bankier	Bankier
Brandweerman	Feuerwehrmann
Cartograaf	Kartograph
Danser	Tänzer
Dierenarts	Tierarzt
Dokter	Arzt
Editor	Editor
Geoloog	Geologe
Jager	Jäger
Juwelier	Juwelier
Loodgieter	Klempner
Monteur	Mechaniker
Muzikant	Musiker
Pianist	Pianist
Psycholoog	Psychologe

Beroepen #2
Berufe #2

Arts	Arzt
Astronaut	Astronaut
Bibliothecaris	Bibliothekar
Bioloog	Biologe
Boer	Bauer
Chirurg	Chirurg
Detective	Detektiv
Filosoof	Philosoph
Fotograaf	Fotograf
Illustrator	Illustrator
Ingenieur	Ingenieur
Journalist	Journalist
Leraar	Lehrer
Linguïst	Linguist
Onderzoeker	Forscher
Piloot	Pilot
Schilder	Maler
Tandarts	Zahnarzt
Tuinman	Gärtner
Uitvinder	Erfinder

Bijen
Bienen

Bestuiver	Bestäuber
Bijenkorf	Bienenkorb
Bloemen	Blumen
Bloesem	Blüte
Diversiteit	Vielfalt
Ecosysteem	Ökosystem
Fruit	Frucht
Habitat	Lebensraum
Honing	Honig
Insect	Insekt
Koningin	Königin
Rook	Rauch
Stuifmeel	Pollen
Tuin	Garten
Vleugels	Flügel
Voedsel	Essen
Voordelig	Vorteilhaft
Was	Wachs
Zon	Sonne
Zwerm	Schwarm

Bijvoeglijke Naamwoorden
Adjektive #1

Aantrekkelijk	Attraktiv
Actief	Aktiv
Ambitieus	Ehrgeizig
Aromatisch	Aromatisch
Artistiek	Künstlerisch
Belangrijk	Wichtig
Diep	Tief
Donker	Dunkel
Dun	Dünn
Eerlijk	Ehrlich
Exotisch	Exotisch
Identiek	Identisch
Jong	Jung
Lang	Lang
Langzaam	Langsam
Modern	Modern
Onschuldig	Unschuldig
Perfect	Perfekt
Waardevol	Wertvoll
Zwaar	Schwer

Bijvoeglijke Naamwoorden
Adjektive #2

Authentiek	Authentisch
Begaafd	Begabt
Beschrijvend	Beschreibend
Creatief	Kreativ
Dramatisch	Dramatisch
Gezond	Gesund
Hongerig	Hungrig
Interessant	Interessant
Moe	Müde
Natuurlijk	Natürlich
Nieuw	Neu
Normaal	Normal
Productief	Produktiv
Slaperig	Schläfrig
Sterk	Stark
Trots	Stolz
Vers	Frisch
Wild	Wild
Zout	Salzig
Zuiver	Rein

Biologie
Biologie

Ademhaling	Atmung
Anatomie	Anatomie
Cel	Zelle
Chromosoom	Chromosom
Collageen	Kollagen
Eiwit	Protein
Embryo	Embryo
Enzym	Enzym
Evolutie	Evolution
Fotosynthese	Photosynthese
Hormoon	Hormon
Mutatie	Mutation
Natuurlijk	Natürlich
Neuron	Neuron
Osmose	Osmose
Reptiel	Reptil
Symbiose	Symbiose
Synaps	Synapse
Zenuw	Nerv
Zoogdier	Säugetier

Bloemen
Blumen

Bloemblad	Blütenblatt
Boeket	Strauss
Gardenia	Gardenie
Hibiscus	Hibiskus
Jasmijn	Jasmin
Klaver	Klee
Lavendel	Lavendel
Lelie	Lilie
Lila	Lila
Madeliefje	Gänseblümchen
Magnolia	Magnolie
Orchidee	Orchidee
Paardebloem	Löwenzahn
Papaver	Mohn
Passiebloem	Passionsblume
Pioenroos	Pfingstrose
Plumeria	Plumeria
Roos	Rose
Tulp	Tulpe
Zonnebloem	Sonnenblume

Boeken
Bücher

Auteur	Autor
Avontuur	Abenteuer
Bladzijde	Seite
Collectie	Kollektion
Context	Kontext
Dualiteit	Dualität
Episch	Episch
Gedicht	Gedicht
Geschreven	Geschrieben
Historisch	Historisch
Humoristisch	Humorvoll
Inventief	Erfinderisch
Lezer	Leser
Literair	Literarisch
Poëzie	Poesie
Relevant	Relevant
Roman	Roman
Tragisch	Tragisch
Verhaal	Geschichte
Verteller	Erzähler

Boerderij #1
Bauernhof #1

Bij	Biene
Ezel	Esel
Geit	Ziege
Hek	Zaun
Hond	Hund
Honing	Honig
Hooi	Heu
Kalf	Kalb
Kat	Katze
Kip	Huhn
Koe	Kuh
Kraai	Krähe
Kudde	Herde
Mest	Dünger
Paard	Pferd
Rijst	Reis
Varken	Schwein
Veld	Feld
Water	Wasser
Zaden	Saat

Boerderij #2
Bauernhof #2

Bijenkorf	Bienenstock
Boer	Bauer
Boomgaard	Obstgarten
Dieren	Tiere
Eend	Ente
Fruit	Frucht
Gerst	Gerste
Groente	Gemüse
Herder	Schäfer
Irrigatie	Bewässerung
Lam	Lamm
Lama	Lama
Maïs	Mais
Melk	Milch
Schaap	Schaf
Schuur	Scheune
Tarwe	Weizen
Tractor	Traktor
Weide	Wiese
Windmolen	Windmühle

Boksen
Boxen

Elleboog	Ellbogen
Focus	Fokus
Handschoenen	Handschuhe
Herstel	Recovery
Hoek	Ecke
Kin	Kinn
Klok	Glocke
Kracht	Stärke
Lichaam	Körper
Punten	Punkte
Schoppen	Kick
Snel	Schnell
Tegenstander	Gegner
Touwen	Seile
Uitgeput	Erschöpft
Vaardigheid	Fähigkeit
Vechter	Kämpfer
Verwondingen	Verletzungen
Vuist	Faust

Boten
Boote

Anker	Anker
Bemanning	Crew
Boei	Boje
Dok	Dock
Golven	Wellen
Jacht	Yacht
Kajak	Kajak
Kano	Kanu
Mast	Mast
Meer	See
Motor	Motor
Nautisch	Nautisch
Oceaan	Ozean
Reddingsboot	Rettungsboot
Rivier	Fluss
Touw	Seil
Veerboot	Fähre
Vlot	Floss
Zee	Meer
Zeilboot	Segelboot

Camping
Camping

Avontuur	Abenteuer
Berg	Berg
Bomen	Bäume
Bos	Wald
Brand	Feuer
Cabine	Kabine
Dieren	Tiere
Hangmat	Hängematte
Hoed	Hut
Insect	Insekt
Jacht	Jagd
Kaart	Karte
Kano	Kanu
Kompas	Kompass
Lantaarn	Laterne
Maan	Mond
Meer	See
Natuur	Natur
Tent	Zelt
Touw	Seil

Chemie
Chemie

Alkalisch	Alkalisch
Chloor	Chlor
Elektron	Elektron
Enzym	Enzym
Gas	Gas
Gewicht	Gewicht
Ion	Ion
Katalysator	Katalysator
Koolstof	Kohlenstoff
Metalen	Metalle
Molecuul	Molekül
Organisch	Organisch
Reactie	Reaktion
Temperatuur	Temperatur
Vloeistof	Flüssigkeit
Warmte	Hitze
Waterstof	Wasserstoff
Zout	Salz
Zuur	Säure
Zuurstof	Sauerstoff

Chocolade
Schokolade

Antioxidant	Antioxidans
Aroma	Aroma
Artisanaal	Handwerklich
Bitter	Bitter
Cacao	Kakao
Calorieën	Kalorien
Exotisch	Exotisch
Favoriet	Favorit
Heerlijk	Köstlich
Ingrediënt	Zutat
Karamel	Karamell
Kokosnoot	Kokosnuss
Kwaliteit	Qualität
Pinda'S	Erdnüsse
Poeder	Pulver
Recept	Rezept
Smaak	Geschmack
Suiker	Zucker
Verlangen	Verlangen
Zoet	Süss

Creativiteit
Kreativität

Artistiek	Künstlerisch
Beeld	Bild
Dramatisch	Dramatisch
Echtheid	Authentizität
Gevoel	Sensation
Gevoelens	Gefühle
Helderheid	Klarheit
Ideeën	Ideen
Indruk	Eindruck
Inspiratie	Inspiration
Intensiteit	Intensität
Intuïtie	Intuition
Inventief	Erfinderisch
Spontaan	Spontan
Uitdrukking	Ausdruck
Vaardigheid	Fähigkeit
Verbeelding	Phantasie
Visioenen	Visionen
Vitaliteit	Vitalität
Vloeibaarheid	Flüssigkeit

Dagen en Maanden
Tage und Monate

Augustus	August
Dinsdag	Dienstag
Donderdag	Donnerstag
Februari	Februar
Jaar	Jahr
Januari	Januar
Juli	Juli
Juni	Juni
Kalender	Kalender
Maand	Monat
Maandag	Montag
Maart	März
November	November
Oktober	Oktober
September	September
Vrijdag	Freitag
Week	Woche
Woensdag	Mittwoch
Zaterdag	Samstag
Zondag	Sonntag

Dans
Tanzen

Academie	Akademie
Beweging	Bewegung
Blij	Freudig
Choreografie	Choreographie
Cultureel	Kulturell
Cultuur	Kultur
Emotie	Emotion
Expressief	Ausdrucksvoll
Genade	Anmut
Houding	Haltung
Klassiek	Klassisch
Kunst	Kunst
Lichaam	Körper
Muziek	Musik
Partner	Partner
Repetitie	Probe
Ritme	Rhythmus
Springen	Springen
Traditioneel	Traditionell
Visueel	Visuell

Diplomatie
Diplomatie

Adviseur	Berater
Ambassade	Botschaft
Ambassadeur	Botschafter
Buitenlands	Ausländisch
Burgers	Bürger
Conflict	Konflikt
Diplomatiek	Diplomatisch
Discussie	Diskussion
Ethiek	Ethik
Gemeenschap	Gemeinschaft
Gerechtigheid	Gerechtigkeit
Humanitair	Humanitär
Integriteit	Integrität
Oplossing	Lösung
Politiek	Politik
Regering	Regierung
Resolutie	Auflösung
Talen	Sprachen
Veiligheid	Sicherheit
Verdrag	Vertrag

Ecologie
Ökologie

Bergen	Berge
Diversiteit	Vielfalt
Droogte	Dürre
Duurzaam	Nachhaltig
Fauna	Fauna
Flora	Flora
Gemeenschappen	Gemeinschaft
Globaal	Global
Habitat	Lebensraum
Klimaat	Klima
Marinier	Marine
Moeras	Sumpf
Natuur	Natur
Natuurlijk	Natürlich
Overleving	Überleben
Planten	Pflanzen
Soort	Art
Vegetatie	Vegetation
Vrijwilligers	Freiwillige

Elektriciteit
Elektrizität

Accu	Batterie
Apparatuur	Ausrüstung
Draden	Drähte
Elektricien	Elektriker
Elektrisch	Elektrisch
Generator	Generator
Hoeveelheid	Menge
Kabel	Kabel
Lamp	Lampe
Laser	Laser
Magneet	Magnet
Negatief	Negativ
Netwerk	Netzwerk
Objecten	Objekte
Opslag	Lagerung
Positief	Positiv
Stopcontact	Steckdose
Telefoon	Telefon
Televisie	Fernsehen

Emoties
Emotionen

Angst	Angst
Beschaamd	Beschämt
Dankbaar	Dankbar
Droefheid	Traurigkeit
Inhoud	Inhalt
Kalm	Ruhig
Liefde	Liebe
Ontspannen	Entspannt
Opgewonden	Aufgeregt
Opluchting	Relief
Rust	Ruhe
Sympathie	Sympathie
Tederheid	Zärtlichkeit
Tevreden	Zufrieden
Verrassing	Überraschen
Verveling	Langeweile
Vrede	Frieden
Vreugde	Freude
Woede	Wut

Energie
Energie

Accu	Batterie
Benzine	Benzin
Brandstof	Brennstoff
Diesel	Diesel
Elektrisch	Elektrisch
Elektron	Elektron
Entropie	Entropie
Foton	Photon
Hernieuwbaar	Erneuerbar
Industrie	Industrie
Koolstof	Kohlenstoff
Motor	Motor
Nucleair	Nuklear
Omgeving	Umwelt
Stoom	Dampf
Turbine	Turbine
Vervuiling	Verschmutzung
Warmte	Hitze
Waterstof	Wasserstoff
Wind	Wind

Engineering
Ingenieurwesen

As	Achse
Berekening	Berechnung
Bouw	Konstruktion
Diagram	Diagramm
Diameter	Durchmesser
Diepte	Tiefe
Diesel	Diesel
Distributie	Verteilung
Energie	Energie
Hoek	Winkel
Kracht	Stärke
Machine	Maschine
Meting	Messung
Motor	Motor
Rotatie	Drehung
Stabiliteit	Stabilität
Structuur	Struktur
Vloeistof	Flüssigkeit
Voortstuwing	Antrieb
Wrijving	Reibung

Eten #1
Essen #1

Aardbei	Erdbeere
Abrikoos	Aprikose
Basilicum	Basilikum
Citroen	Zitrone
Gerst	Gerste
Kaneel	Zimt
Knoflook	Knoblauch
Melk	Milch
Peer	Birne
Pinda	Erdnuss
Salade	Salat
Sap	Saft
Soep	Suppe
Spinazie	Spinat
Suiker	Zucker
Tonijn	Thunfisch
Ui	Zwiebel
Vlees	Fleisch
Wortel	Karotte
Zout	Salz

Eten #2
Essen #2

Amandel	Mandel
Ananas	Ananas
Appel	Apfel
Asperge	Spargel
Aubergine	Aubergine
Banaan	Banane
Broccoli	Brokkoli
Brood	Brot
Druif	Traube
Ei	Ei
Ham	Schinken
Kaas	Käse
Kip	Huhn
Kiwi	Kiwi
Perzik	Pfirsich
Rijst	Reis
Tarwe	Weizen
Tomaat	Tomate
Vis	Fisch
Yoghurt	Joghurt

Familie
Familie

Broer	Bruder
Dochter	Tochter
Grootmoeder	Grossmutter
Jeugd	Kindheit
Kind	Kind
Kinderen	Kinder
Kleinzoon	Enkel
Man	Ehemann
Moeder	Mutter
Neef	Neffe
Nicht	Nichte
Oom	Onkel
Opa	Grossvater
Tante	Tante
Tweeling	Zwillinge
Vader	Vater
Vaderlijk	Väterlich
Voorouder	Vorfahr
Vrouw	Ehefrau
Zus	Schwester

Fruit
Obst

Abrikoos	Aprikose
Ananas	Ananas
Appel	Apfel
Avocado	Avocado
Banaan	Banane
Bes	Beere
Citroen	Zitrone
Druif	Traube
Framboos	Himbeere
Kers	Kirsche
Kiwi	Kiwi
Kokosnoot	Kokosnuss
Mango	Mango
Meloen	Melone
Nectarine	Nektarine
Oranje	Orange
Papaja	Papaya
Peer	Birne
Perzik	Pfirsich
Pruim	Pflaume

Gebouwen
Gebäude

Ambassade	Botschaft
Appartement	Apartment
Bioscoop	Kino
Boerderij	Bauernhof
Cabine	Kabine
Fabriek	Fabrik
Hotel	Hotel
Kasteel	Schloss
Laboratorium	Labor
Museum	Museum
Observatorium	Observatorium
School	Schule
Schuur	Scheune
Stadion	Stadion
Supermarkt	Supermarkt
Tent	Zelt
Theater	Theater
Toren	Turm
Universiteit	Universität
Ziekenhuis	Krankenhaus

Geografie
Geographie

Atlas	Atlas
Berg	Berg
Breedtegraad	Breite
Continent	Kontinent
Eiland	Insel
Evenaar	Äquator
Halfrond	Hemisphäre
Hoogte	Höhe
Kaart	Karte
Land	Land
Meridiaan	Meridian
Noorden	Norden
Oceaan	Ozean
Regio	Region
Rivier	Fluss
Stad	Stadt
Wereld	Welt
Westen	West
Zee	Meer
Zuiden	Süden

Geologie
Geologie

Aardbeving	Erdbeben
Calcium	Kalzium
Continent	Kontinent
Erosie	Erosion
Fossiel	Fossil
Geiser	Geysir
Gesmolten	Geschmolzen
Grot	Höhle
Koraal	Koralle
Kristallen	Kristalle
Kwarts	Quarz
Laag	Schicht
Lava	Lava
Plateau	Plateau
Stalactiet	Stalaktit
Steen	Stein
Vulkaan	Vulkan
Zone	Zone
Zout	Salz
Zuur	Säure

Geometrie
Geometrie

Berekening	Berechnung
Cirkel	Kreis
Curve	Kurve
Diameter	Durchmesser
Dimensie	Dimension
Driehoek	Dreieck
Hoek	Winkel
Hoogte	Höhe
Horizontaal	Horizontal
Logica	Logik
Loodrecht	Senkrecht
Massa	Masse
Mediaan	Median
Oppervlak	Oberfläche
Parallel	Parallel
Segment	Segment
Symmetrie	Symmetrie
Theorie	Theorie
Vergelijking	Gleichung
Verticaal	Vertikal

Getallen
Zahlen

Acht	Acht
Achttien	Achtzehn
Dertien	Dreizehn
Drie	Drei
Een	Eins
Negen	Neun
Negentien	Neunzehn
Nul	Null
Tien	Zehn
Twaalf	Zwölf
Twee	Zwei
Twintig	Zwanzig
Veertien	Vierzehn
Vier	Vier
Vijf	Fünf
Vijftien	Fünfzehn
Zes	Sechs
Zestien	Sechzehn
Zeven	Sieben
Zeventien	Siebzehn

Gezondheid en Welzijn #1
Gesundheit und Wellness #1

Actief	Aktiv
Apotheek	Apotheke
Bacteriën	Bakterien
Behandeling	Behandlung
Breuk	Fraktur
Dokter	Arzt
Gewoonte	Gewohnheit
Honger	Hunger
Hoogte	Höhe
Hormonen	Hormone
Huid	Haut
Kliniek	Klinik
Letsel	Verletzung
Medicijn	Medizin
Ontspanning	Entspannung
Reflex	Reflex
Spieren	Muskel
Therapie	Therapie
Virus	Virus
Zenuwen	Nerven

Gezondheid en Welzijn #2
Gesundheit und Wellness #2

Allergie	Allergie
Anatomie	Anatomie
Bloed	Blut
Calorie	Kalorie
Dieet	Diät
Energie	Energie
Genetica	Genetik
Gewicht	Gewicht
Gezond	Gesund
Herstel	Recovery
Hygiëne	Hygiene
Infectie	Infektion
Lichaam	Körper
Massage	Massage
Spijsvertering	Verdauung
Stress	Stress
Vitamine	Vitamin
Voeding	Ernährung
Ziekenhuis	Krankenhaus
Ziekte	Krankheit

Groenten
Gemüse

Artisjok	Artischocke
Aubergine	Aubergine
Broccoli	Brokkoli
Erwt	Erbse
Gember	Ingwer
Knoflook	Knoblauch
Komkommer	Gurke
Olijf	Olive
Paddestoel	Pilz
Peterselie	Petersilie
Pompoen	Kürbis
Raap	Rübe
Radijs	Rettich
Salade	Salat
Selderij	Sellerie
Sjalot	Schalotte
Spinazie	Spinat
Tomaat	Tomate
Ui	Zwiebel
Wortel	Karotte

Haartypes
Haartypen

Blond	Blond
Bruin	Braun
Dik	Dick
Droog	Trocken
Dun	Dünn
Gekleurd	Farbig
Gevlochten	Geflochten
Gezond	Gesund
Golvend	Wellig
Grijs	Grau
Hoofdhuid	Kopfhaut
Kaal	Kahl
Kort	Kurz
Krullen	Locken
Krullend	Lockig
Lang	Lang
Wit	Weiss
Zacht	Weich
Zilver	Silber
Zwart	Schwarz

Herbalisme
Kräuterkunde

Aromatisch	Aromatisch
Basilicum	Basilikum
Bloem	Blume
Culinair	Kulinarisch
Dille	Dill
Dragon	Estragon
Groen	Grün
Ingrediënt	Zutat
Knoflook	Knoblauch
Kwaliteit	Qualität
Lavendel	Lavendel
Marjolein	Majoran
Oregano	Oregano
Peterselie	Petersilie
Rozemarijn	Rosmarin
Saffraan	Safran
Smaak	Geschmack
Tijm	Thymian
Tuin	Garten
Venkel	Fenchel

Huis
Haus

Bezem	Besen
Bibliotheek	Bibliothek
Dak	Dach
Deur	Tür
Douche	Dusche
Garage	Garage
Haard	Kamin
Hek	Zaun
Kamer	Zimmer
Kelder	Keller
Keuken	Küche
Lamp	Lampe
Meubilair	Möbel
Muur	Wand
Plafond	Decke
Schoorsteen	Schornstein
Slaapkamer	Schlafzimmer
Spiegel	Spiegel
Tapijt	Teppich
Tuin	Garten

Immigratie
Einwanderung

Administratie	Verwaltung
Bescherming	Schutz
Communicatie	Kommunikation
Financiering	Finanzierung
Goedkeuring	Genehmigung
Grenzen	Grenzen
Huisvesting	Gehäuse
Hulp	Hilfe
Kinderen	Kinder
Officier	Offizier
Onderhandeling	Verhandlung
Oplossing	Lösung
Proces	Prozess
Situatie	Situation
Stress	Stress
Taal	Sprache
Termijn	Frist
Volwassenen	Erwachsene
Wet	Gesetz

Installaties
Pflanzen

Bamboe	Bambus
Bes	Beere
Blad	Blatt
Bloem	Blume
Boom	Baum
Boon	Bohne
Bos	Wald
Cactus	Kaktus
Flora	Flora
Gebladerte	Laub
Gras	Gras
Klimop	Efeu
Kruid	Kraut
Mest	Dünger
Mos	Moos
Plantkunde	Botanik
Struik	Busch
Tuin	Garten
Vegetatie	Vegetation
Wortel	Wurzel

Jazz
Jazz

Album	Album
Applaus	Applaus
Artiest	Künstler
Beroemd	Berühmt
Componist	Komponist
Concert	Konzert
Favorieten	Favoriten
Genre	Genre
Improvisatie	Improvisation
Invloed	Einflüsse
Lied	Lied
Muziek	Musik
Nadruk	Betonung
Nieuw	Neu
Orkest	Orchester
Oud	Alt
Ritme	Rhythmus
Stijl	Stil
Talent	Talent
Techniek	Technik

Kleding
Kleidung

Armband	Armband
Blouse	Bluse
Broek	Hose
Handschoenen	Handschuhe
Hoed	Hut
Jas	Mantel
Jasje	Jacke
Jurk	Kleid
Ketting	Halskette
Mode	Mode
Pyjama	Schlafanzug
Riem	Gürtel
Rok	Rock
Sandalen	Sandalen
Schoen	Schuh
Schort	Schürze
Shirt	Hemd
Sjaal	Schal
Sokken	Socken
Trui	Pullover

Koffie
Kaffee

Aroma	Aroma
Beker	Tasse
Bitter	Bitter
Cafeïne	Koffein
Drank	Getränk
Filter	Filter
Geroosterd	Geröstet
Malen	Mahlen
Melk	Milch
Ochtend	Morgen
Oorsprong	Ursprung
Prijs	Preis
Room	Creme
Smaak	Geschmack
Suiker	Zucker
Variëteit	Vielfalt
Vloeistof	Flüssigkeit
Water	Wasser
Zuur	Sauer
Zwart	Schwarz

Landen #1
Länder #1

België	Belgien
Brazilië	Brasilien
Cambodja	Kambodscha
Canada	Kanada
Chili	Chile
Duitsland	Deutschland
Egypte	Ägypten
Irak	Irak
Israël	Israel
Italië	Italien
Letland	Lettland
Libië	Libyen
Marokko	Marokko
Nicaragua	Nicaragua
Noorwegen	Norwegen
Panama	Panama
Polen	Polen
Roemenië	Rumänien
Senegal	Senegal
Spanje	Spanien

Landen #2
Länder #2

Denemarken	Dänemark
Ethiopië	Äthiopien
Frankrijk	Frankreich
Griekenland	Griechenland
Ierland	Irland
Indonesië	Indonesien
Japan	Japan
Kenia	Kenia
Laos	Laos
Libanon	Libanon
Liberia	Liberia
Maleisië	Malaysia
Mexico	Mexiko
Nepal	Nepal
Nigeria	Nigeria
Oeganda	Uganda
Oekraïne	Ukraine
Rusland	Russland
Somalië	Somalia
Syrië	Syrien

Landschappen
Landschaften

Berg	Berg
Eiland	Insel
Geiser	Geysir
Gletsjer	Gletscher
Grot	Höhle
Heuvel	Hügel
Ijsberg	Eisberg
Meer	See
Moeras	Sumpf
Oase	Oase
Oceaan	Ozean
Rivier	Fluss
Schiereiland	Halbinsel
Strand	Strand
Toendra	Tundra
Vallei	Tal
Vulkaan	Vulkan
Waterval	Wasserfall
Woestijn	Wüste
Zee	Meer

Literatuur
Literatur

Analogie	Analogie
Analyse	Analyse
Anekdote	Anekdote
Auteur	Autor
Biografie	Biographie
Dialoog	Dialog
Fictie	Fiktion
Gedicht	Gedicht
Mening	Meinung
Metafoor	Metapher
Omschrijving	Beschreibung
Poëtisch	Poetisch
Rijm	Reim
Ritme	Rhythmus
Roman	Roman
Stijl	Stil
Thema	Thema
Tragedie	Tragödie
Vergelijking	Vergleich
Verteller	Erzähler

Meditatie
Meditation

Aanvaarding	Annahme
Ademhaling	Atmung
Beweging	Bewegung
Dankbaarheid	Dankbarkeit
Gedachten	Gedanken
Geest	Verstand
Geluk	Glück
Helderheid	Klarheit
Houding	Haltung
Inzicht	Einblick
Kalm	Ruhig
Leren	Lernen
Mededogen	Mitgefühl
Mentaal	Geistig
Muziek	Musik
Natuur	Natur
Perspectief	Perspektive
Stilte	Stille
Vrede	Frieden
Wakker	Wach

Meer Informatie
Science Fiction

Bioscoop	Kino
Boeken	Bücher
Brand	Feuer
Denkbeeldig	Imaginär
Dystopie	Dystopie
Explosie	Explosion
Extreem	Extrem
Fantastisch	Fantastisch
Futuristisch	Futuristisch
Illusie	Illusion
Mysterieus	Geheimnisvoll
Orakel	Orakel
Planeet	Planet
Realistisch	Realistisch
Robots	Roboter
Scenario	Szenario
Sterrenstelsel	Galaxie
Technologie	Technologie
Utopie	Utopie
Wereld	Welt

Menselijk Lichaam
Menschlicher Körper

Been	Bein
Bloed	Blut
Elleboog	Ellbogen
Enkel	Knöchel
Hand	Hand
Hart	Herz
Hersenen	Gehirn
Hoofd	Kopf
Huid	Haut
Kaak	Kiefer
Kin	Kinn
Knie	Knie
Maag	Magen
Mond	Mund
Nek	Hals
Neus	Nase
Oor	Ohr
Schouder	Schulter
Tong	Zunge
Vinger	Finger

Metingen
Messungen

Breedte	Breite
Byte	Byte
Centimeter	Zentimeter
Decimaal	Dezimal
Diepte	Tiefe
Gewicht	Gewicht
Graad	Grad
Gram	Gramm
Hoogte	Höhe
Inch	Zoll
Kilogram	Kilogramm
Kilometer	Kilometer
Lengte	Länge
Liter	Liter
Massa	Masse
Meter	Meter
Minuut	Minute
Ons	Unze
Ton	Tonne
Volume	Volumen

Mode
Mode

Bescheiden	Bescheiden
Betaalbaar	Erschwinglich
Borduurwerk	Stickerei
Comfortabel	Komfortabel
Duur	Teuer
Eenvoudig	Einfach
Elegant	Elegant
Kant	Spitze
Kleding	Kleidung
Knop	Tasten
Modern	Modern
Origineel	Original
Patroon	Muster
Praktisch	Praktisch
Stijl	Stil
Stof	Stoff
Textuur	Textur
Trend	Trend
Winkel	Boutique

Muziek
Musik

Album	Album
Ballade	Ballade
Harmonie	Harmonie
Improviseren	Improvisieren
Instrument	Instrument
Klassiek	Klassisch
Koor	Chor
Lyrisch	Lyrisch
Melodie	Melodie
Microfoon	Mikrofon
Muzikaal	Musical
Muzikant	Musiker
Opera	Oper
Opname	Aufnahme
Poëtisch	Poetisch
Ritme	Rhythmus
Ritmisch	Rhythmisch
Tempo	Tempo
Zanger	Sänger
Zingen	Singen

Muziekinstrumenten
Musikinstrumente

Banjo	Banjo
Cello	Cello
Fagot	Fagott
Fluit	Flöte
Gitaar	Gitarre
Gong	Gong
Harp	Harfe
Hobo	Oboe
Klarinet	Klarinette
Mandoline	Mandoline
Marimba	Marimba
Mondharmonica	Mundharmonika
Percussie	Schlagzeug
Piano	Klavier
Saxofoon	Saxophon
Tamboerijn	Tamburin
Trombone	Posaune
Trommel	Trommel
Trompet	Trompete
Viool	Geige

Mythologie
Mythologie

Archetype	Archetyp
Bliksem	Blitz
Creatie	Kreation
Cultuur	Kultur
Donder	Donner
Doolhof	Labyrinth
Gedrag	Verhalten
Held	Held
Heldin	Heldin
Hemel	Himmel
Jaloezie	Eifersucht
Kracht	Stärke
Krijger	Krieger
Legende	Legende
Magisch	Magisch
Monster	Monster
Ramp	Katastrophe
Sterfelijk	Sterblich
Wezen	Kreatur
Wraak	Rache

Natuur
Natur

Arctisch	Arktis
Bergen	Berge
Bijen	Bienen
Bos	Wald
Dieren	Tiere
Dynamisch	Dynamisch
Erosie	Erosion
Gebladerte	Laub
Gletsjer	Gletscher
Heiligdom	Heiligtum
Mist	Nebel
Rivier	Fluss
Schoonheid	Schönheit
Schuilplaats	Schutz
Sereen	Heiter
Tropisch	Tropisch
Vitaal	Lebenswichtig
Wild	Wild
Woestijn	Wüste
Wolken	Wolken

Natuurkunde
Physik

Atoom	Atom
Chaos	Chaos
Chemisch	Chemisch
Deeltje	Partikel
Dichtheid	Dichte
Elektron	Elektron
Experiment	Experiment
Formule	Formel
Frequentie	Frequenz
Gas	Gas
Magnetisme	Magnetismus
Massa	Masse
Mechanica	Mechanik
Molecuul	Molekül
Motor	Motor
Relativiteit	Relativität
Uitbreiding	Expansion
Universeel	Universal
Wrijving	Reibung
Zwaartekracht	Schwerkraft

Oceaan
Ozean

Aal	Aal
Algen	Algen
Boot	Boot
Dolfijn	Delfin
Garnaal	Garnele
Getijden	Gezeiten
Haai	Hai
Koraal	Koralle
Krab	Krabbe
Kwal	Qualle
Octopus	Krake
Oester	Auster
Rif	Riff
Schildpad	Schildkröte
Spons	Schwamm
Storm	Sturm
Tonijn	Thunfisch
Vis	Fisch
Walvis	Wal
Zout	Salz

Overheid
Regierung

Civiel	Zivil
Democratie	Demokratie
Discussie	Diskussion
Gelijkheid	Gleichheit
Gerechtelijk	Justiziell
Gerechtigheid	Gerechtigkeit
Grondwet	Verfassung
Leider	Führer
Monument	Denkmal
Natie	Nation
Nationaal	National
Politiek	Politik
Rechten	Rechte
Rustig	Friedlich
Staat	Staat
Symbool	Symbol
Toespraak	Rede
Vrijheid	Freiheit
Wet	Gesetz
Wijk	Bezirk

Psychologie
Psychologie

Afspraak	Termin
Beoordeling	Bewertung
Bewusteloos	Bewusstlos
Cognitie	Kognition
Conflict	Konflikt
Dromen	Träume
Ego	Ego
Gedachten	Gedanken
Gedrag	Verhalten
Gevoel	Sensation
Herinneringen	Erinnerungen
Ideeën	Ideen
Invloed	Einflüsse
Jeugd	Kindheit
Klinisch	Klinisch
Perceptie	Wahrnehmung
Probleem	Problem
Realiteit	Wirklichkeit
Therapie	Therapie

Restaurant #2
Restaurant #2

Cake	Kuchen
Diner	Abendessen
Drank	Getränk
Eieren	Eier
Fruit	Frucht
Groente	Gemüse
Heerlijk	Köstlich
Ijs	Eis
Lepel	Löffel
Lunch	Mittagessen
Noedels	Nudeln
Ober	Kellner
Salade	Salat
Soep	Suppe
Specerijen	Gewürze
Stoel	Stuhl
Vis	Fisch
Vork	Gabel
Water	Wasser
Zout	Salz

Rijden
Fahren

Auto	Auto
Brandstof	Brennstoff
Bus	Bus
Garage	Garage
Gas	Gas
Gevaar	Gefahr
Kaart	Karte
Licentie	Lizenz
Motor	Motor
Motorfiets	Motorrad
Ongeluk	Unfall
Politie	Polizei
Remmen	Bremsen
Straat	Strasse
Tunnel	Tunnel
Veiligheid	Sicherheit
Verkeer	Verkehr
Vervoer	Transport
Voetganger	Fussgänger
Vrachtauto	Lkw

Schaken
Schach

Diagonaal	Diagonal
Kampioen	Champion
Koning	König
Koningin	Königin
Leren	Lernen
Offer	Opfer
Passief	Passiv
Punten	Punkte
Reglement	Regeln
Slim	Klug
Spel	Spiel
Speler	Spieler
Strategie	Strategie
Tegenstander	Gegner
Tijd	Zeit
Toernooi	Turnier
Wedstrijd	Wettbewerb
Wit	Weiss
Zwart	Schwarz

Schoonheid
Schönheit

Charme	Charme
Cosmetica	Kosmetik
Elegant	Elegant
Elegantie	Eleganz
Fotogeniek	Fotogen
Genade	Anmut
Geur	Duft
Glad	Glatt
Huid	Haut
Kleur	Farbe
Krullen	Locken
Lippenstift	Lippenstift
Mascara	Wimperntusche
Oliën	Öle
Producten	Produkte
Schaar	Schere
Shampoo	Shampoo
Spiegel	Spiegel
Stilist	Stylist

Specerijen
Gewürze

Anijs	Anis
Bitter	Bitter
Fenegriek	Bockshornklee
Gember	Ingwer
Kaneel	Zimt
Kardemom	Kardamom
Kerrie	Curry
Knoflook	Knoblauch
Komijn	Kreuzkümmel
Koriander	Koriander
Kruidnagel	Nelke
Nootmuskaat	Muskatnuss
Paprika	Paprika
Saffraan	Safran
Smaak	Geschmack
Ui	Zwiebel
Vanille	Vanille
Venkel	Fenchel
Zoet	Süss
Zout	Salz

Sporten
Sport

Ademen	Atmen
Atleet	Athlet
Botten	Knochen
Dansen	Tanzen
Dieet	Diät
Doel	Ziel
Fiets	Radfahren
Gezondheid	Gesundheit
Joggen	Joggen
Kracht	Stärke
Lichaam	Körper
Maximaliseren	Maximieren
Metabolisch	Metabolisch
Programma	Programm
Spieren	Muskel
Sport	Sport
Trainer	Trainer
Voeding	Ernährung
Zwemmen	Schwimmen

Stad
Stadt

Apotheek	Apotheke
Bakkerij	Bäckerei
Bank	Bank
Bibliotheek	Bibliothek
Bioscoop	Kino
Bloemist	Blumenhändler
Boekhandel	Buchhandlung
Dierentuin	Zoo
Galerij	Galerie
Hotel	Hotel
Kliniek	Klinik
Luchthaven	Flughafen
Markt	Markt
Museum	Museum
School	Schule
Stadion	Stadion
Supermarkt	Supermarkt
Theater	Theater
Universiteit	Universität
Winkel	Geschäft

Tijd
Zeit

Dag	Tag
Decennium	Jahrzehnt
Eeuw	Jahrhundert
Gisteren	Gestern
Jaar	Jahr
Jaarlijks	Jährlich
Kalender	Kalender
Klok	Uhr
Maand	Monat
Middag	Mittag
Minuut	Minute
Na	Nach
Nacht	Nacht
Nu	Jetzt
Ochtend	Morgen
Toekomst	Zukunft
Uur	Stunde
Vandaag	Heute
Vroeg	Früh
Week	Woche

Tuin
Garten

Bank	Bank
Bloem	Blume
Bodem	Boden
Boom	Baum
Boomgaard	Obstgarten
Garage	Garage
Gazon	Rasen
Gras	Gras
Hangmat	Hängematte
Hark	Rechen
Hek	Zaun
Onkruid	Unkraut
Schop	Schaufel
Slang	Schlauch
Struik	Busch
Terras	Terrasse
Trampoline	Trampolin
Tuin	Garten
Veranda	Veranda
Vijver	Teich

Tuinieren
Gartenarbeit

Blad	Blatt
Bloesem	Blüte
Bodem	Boden
Boeket	Strauss
Boomgaard	Obstgarten
Botanisch	Botanisch
Compost	Kompost
Container	Container
Eetbaar	Essbar
Exotisch	Exotisch
Gebladerte	Laub
Klimaat	Klima
Seizoensgebonden	Saisonal
Slang	Schlauch
Soort	Art
Vocht	Feuchtigkeit
Vuil	Schmutz
Water	Wasser
Zaden	Saat

Universum
Universum

Asteroïde	Asteroid
Astronomie	Astronomie
Astronoom	Astronom
Atmosfeer	Atmosphäre
Baan	Orbit
Breedtegraad	Breite
Dierenriem	Tierkreis
Duisternis	Dunkelheit
Evenaar	Äquator
Halfrond	Hemisphäre
Hemel	Himmel
Horizon	Horizont
Kosmisch	Kosmisch
Lengtegraad	Längengrad
Maan	Mond
Sterrenstelsel	Galaxie
Telescoop	Teleskop
Zichtbaar	Sichtbar
Zonne	Solar
Zonnewende	Sonnenwende

Vakantie #2
Urlaub #2

Bestemming	Ziel
Buitenlander	Ausländer
Buitenlands	Ausländisch
Eiland	Insel
Hotel	Hotel
Kaart	Karte
Kamperen	Camping
Luchthaven	Flughafen
Paspoort	Pass
Reis	Reise
Restaurant	Restaurant
Strand	Strand
Taxi	Taxi
Tent	Zelt
Trein	Zug
Vakantie	Urlaub
Vervoer	Transport
Visum	Visum
Vrije Tijd	Freizeit
Zee	Meer

Vissen
Angeln

Aas	Köder
Apparatuur	Ausrüstung
Boot	Boot
Draad	Draht
Geduld	Geduld
Gewicht	Gewicht
Haak	Haken
Kaak	Kiefer
Kieuwen	Kiemen
Kok	Kochen
Mand	Korb
Meer	See
Oceaan	Ozean
Overdrijving	Übertreibung
Rivier	Fluss
Seizoen	Jahreszeit
Strand	Strand
Vinnen	Flossen
Water	Wasser

Vliegtuigen
Flugzeuge

Afdaling	Abstieg
Atmosfeer	Atmosphäre
Avontuur	Abenteuer
Ballon	Ballon
Bemanning	Crew
Bouw	Konstruktion
Brandstof	Brennstoff
Geschiedenis	Geschichte
Hemel	Himmel
Hoogte	Höhe
Landen	Landung
Lucht	Luft
Motor	Motor
Navigeren	Navigieren
Ontwerp	Design
Passagier	Passagier
Piloot	Pilot
Richting	Richtung
Turbulentie	Turbulenz
Waterstof	Wasserstoff

Voeding
Ernährung

Bitter	Bitter
Calorieën	Kalorien
Dieet	Diät
Eetbaar	Essbar
Eetlust	Appetit
Eiwitten	Proteine
Evenwichtig	Ausgewogen
Fermentatie	Fermentation
Gewicht	Gewicht
Gezond	Gesund
Gezondheid	Gesundheit
Koolhydraten	Kohlenhydrate
Kwaliteit	Qualität
Saus	Sosse
Smaak	Geschmack
Spijsvertering	Verdauung
Toxine	Toxin
Vitamine	Vitamin
Vloeistoffen	Flüssigkeiten
Voedingsstof	Nährstoff

Voertuigen
Fahrzeuge

Ambulance	Krankenwagen
Auto	Auto
Banden	Reifen
Boot	Boot
Bus	Bus
Caravan	Wohnwagen
Fiets	Fahrrad
Helikopter	Hubschrauber
Metro	U-Bahn
Motor	Motor
Onderzeeër	U-Boot
Raket	Rakete
Scooter	Roller
Taxi	Taxi
Tractor	Traktor
Trein	Zug
Veerboot	Fähre
Vliegtuig	Flugzeug
Vlot	Floss
Vrachtauto	Lkw

Vogels
Vögel

Duif	Taube
Eend	Ente
Ei	Ei
Flamingo	Flamingo
Gans	Gans
Kip	Huhn
Koekoek	Kuckuck
Kraai	Krähe
Meeuw	Möwe
Mus	Spatz
Ooievaar	Storch
Papegaai	Papagei
Pauw	Pfau
Pelikaan	Pelikan
Pinguïn	Pinguin
Reiger	Reiher
Struisvogel	Strauss
Toekan	Toucan
Uil	Eule
Zwaan	Schwan

Vormen
Formen

Bol	Kugel
Boog	Bogen
Cilinder	Zylinder
Cirkel	Kreis
Curve	Kurve
Driehoek	Dreieck
Hoek	Ecke
Hyperbool	Hyperbel
Kant	Seite
Kegel	Kegel
Kubus	Würfel
Lijn	Linie
Ovaal	Oval
Piramide	Pyramide
Prisma	Prisma
Randen	Kanten
Rechthoek	Rechteck
Ronde	Rund
Veelhoek	Polygon
Vierkant	Quadrat

Wandelen
Wandern

Berg	Berg
Dieren	Tiere
Gevaren	Gefahren
Kaart	Karte
Kamperen	Camping
Klif	Klippe
Klimaat	Klima
Laarzen	Stiefel
Moe	Müde
Natuur	Natur
Oriëntatie	Orientierung
Parken	Parks
Stenen	Steine
Top	Gipfel
Voorbereiding	Vorbereitung
Water	Wasser
Weer	Wetter
Wild	Wild
Zon	Sonne
Zwaar	Schwer

Water
Wasser

Douche	Dusche
Drinkbaar	Trinkbar
Geiser	Geysir
Golven	Wellen
Ijs	Eis
Irrigatie	Bewässerung
Kanaal	Kanal
Meer	See
Moesson	Monsun
Oceaan	Ozean
Orkaan	Hurrikan
Overstroming	Flut
Regen	Regen
Rivier	Fluss
Sneeuw	Schnee
Stoom	Dampf
Verdamping	Verdunstung
Vochtig	Feucht
Vochtigheid	Feuchtigkeit
Vorst	Frost

Weersomstandigheden
Wetter

Atmosfeer	Atmosphäre
Bliksem	Blitz
Donder	Donner
Droogte	Dürre
Hemel	Himmel
Ijs	Eis
Klimaat	Klima
Mist	Nebel
Moesson	Monsun
Orkaan	Hurrikan
Overstroming	Flut
Polair	Polar
Regenboog	Regenbogen
Storm	Sturm
Temperatuur	Temperatur
Tornado	Tornado
Tropisch	Tropisch
Vochtig	Feucht
Wind	Wind
Wolk	Wolke

Wetenschap
Wissenschaft

Atoom	Atom
Chemisch	Chemisch
Deeltjes	Partikel
Evolutie	Evolution
Experiment	Experiment
Feit	Tatsache
Fossiel	Fossil
Gegevens	Daten
Hypothese	Hypothese
Klimaat	Klima
Laboratorium	Labor
Methode	Methode
Mineralen	Mineralien
Moleculen	Moleküle
Natuur	Natur
Natuurkunde	Physik
Organisme	Organismus
Planten	Pflanzen
Zwaartekracht	Schwerkraft

Wetenschappelijke Discip
Wissenschaftliche Disziplinen

Anatomie	Anatomie
Archeologie	Archäologie
Astronomie	Astronomie
Biochemie	Biochemie
Biologie	Biologie
Chemie	Chemie
Ecologie	Ökologie
Fysiologie	Physiologie
Geologie	Geologie
Immunologie	Immunologie
Mechanica	Mechanik
Meteorologie	Meteorologie
Mineralogie	Mineralogie
Neurologie	Neurologie
Plantkunde	Botanik
Psychologie	Psychologie
Robotica	Robotik
Sociologie	Soziologie
Thermodynamica	Thermodynamik
Voeding	Ernährung

Wiskunde
Mathematik

Bol	Kugel
Decimaal	Dezimal
Diameter	Durchmesser
Divisie	Division
Driehoek	Dreieck
Exponent	Exponent
Fractie	Bruchteil
Geometrie	Geometrie
Hoeken	Winkel
Loodrecht	Senkrecht
Omtrek	Umfang
Parallel	Parallel
Rechthoek	Rechteck
Rekenkundig	Arithmetik
Som	Summe
Symmetrie	Symmetrie
Veelhoek	Polygon
Vergelijking	Gleichung
Vierkant	Quadrat
Volume	Volumen

Zakelijk
Geschäft

Bedrijf	Firma
Begroting	Budget
Belastingen	Steuern
Carrière	Karriere
Economie	Wirtschaft
Fabriek	Fabrik
Financiën	Finanzieren
Geld	Geld
Inkomen	Einkommen
Investering	Investition
Kantoor	Büro
Korting	Rabatt
Kosten	Kosten
Transactie	Transaktion
Valuta	Währung
Verkoop	Verkauf
Werkgever	Arbeitgeber
Werknemer	Mitarbeiter
Winkel	Geschäft
Winst	Gewinn

Ziekte
Krankheit

Ademhaling	Atemwege
Allergieën	Allergien
Bacterieel	Bakteriell
Besmettelijk	Ansteckend
Botten	Knochen
Buik	Abdominal
Chronisch	Chronisch
Erfelijk	Erblich
Genetisch	Genetisch
Genezing	Heilung
Gezondheid	Gesundheit
Hart	Herz
Immuniteit	Immunität
Lichaam	Körper
Neuropathie	Neuropathie
Ontsteking	Entzündung
Sinus	Sinus
Syndroom	Syndrom
Therapie	Therapie
Zwak	Schwach

Zoogdieren
Säugetiere

Aap	Affe
Bever	Biber
Coyote	Kojote
Dolfijn	Delfin
Ezel	Esel
Geit	Ziege
Giraf	Giraffe
Gorilla	Gorilla
Hond	Hund
Kameel	Kamel
Kangoeroe	Känguru
Kat	Katze
Konijn	Hase
Leeuw	Löwe
Olifant	Elefant
Paard	Pferd
Stier	Stier
Vos	Fuchs
Walvis	Wal
Wolf	Wolf

Gefeliciteerd

Je hebt het gehaald!

We hopen dat u net zoveel plezier beleeft aan dit boek als wij aan het maken ervan. We doen ons best om spellen van hoge kwaliteit te maken.
Deze puzzels zijn op een slimme manier ontworpen zodat je actief kunt leren terwijl je plezier hebt!

Vond je ze mooi?

Een Eenvoudig Verzoek

Onze boeken bestaan dankzij de recensies die zij publiceren.
Kunt u ons helpen door nu een mening achter te laten ?

Hier is een korte link die u naar uw
bestellingen beoordelingspagina.

BestBooksActivity.com/Recensie50

FINAAL UITDAGING!

Uitdaging nr. 1

Klaar voor uw bonusspel? We gebruiken ze de hele tijd, maar ze zijn niet zo gemakkelijk te vinden. Hier zijn **Synoniemen!**

Noteer 5 woorden die je ontdekt hebt in elk van de onderstaande puzzels (nr. 21, nr. 36, nr. 76) en probeer voor elk woord 2 synoniemen te vinden.

*Notitie 5 Woorden uit **Puzzle 21***

Woorden	Synoniem 1	Synoniem 2

*Notitie 5 Woorden uit **Puzzle 36***

Woorden	Synoniem 1	Synoniem 2

*Notitie 5 Woorden uit **Puzzle 76***

Woorden	Synoniem 1	Synoniem 2

Uitdaging nr. 2

Nu je opgewarmd bent, noteer 5 woorden die je ontdekt hebt in elke hieronder genoteerde puzzel (nr. 9, nr. 17, nr. 25) en probeer voor elk woord 2 antoniemen te vinden. Hoeveel regels kan je doen in 20 minuten?

Notitie 5 Woorden uit ***Puzzle 9***

Woorden	Antoniem 1	Antoniem 2

Notitie 5 Woorden uit ***Puzzle 17***

Woorden	Antoniem 1	Antoniem 2

Notitie 5 Woorden uit ***Puzzle 25***

Woorden	Antoniem 1	Antoniem 2

Uitdaging nr. 3

Prachtig, deze finaal uitdaging  is makkelijk voor jou!

Klaar voor de laatste? Kies je 10 favoriete woorden die je in een van de puzzels hebt ontdekt en noteer ze hieronder.

1.	6.
2.	7.
3.	8.
4.	9.
5.	10.

De uitdaging is nu om met deze woorden en binnen een maximum van zes zinnen een tekst te schrijven over een persoon, dier of plaats waar je van houdt!

Tip: U kunt de laatste blanco pagina van dit boek als kladblaadje gebruiken!

Je schrijven:

NOTITIEBOEKJE:

TOT SNEL!

Linguas Classics

www.ingramcontent.com/pod-product-compliance
Lightning Source LLC
Chambersburg PA
CBHW081711120626
46550CB00010B/3089